档案管理与信息化建设研究

马持威 付建华 付 鑫 著

吉林摄影出版社
·长春·

图书在版编目(CIP)数据

档案管理与信息化建设研究/马持威,付建华,付鑫著.--长春:吉林摄影出版社,2024.10.--ISBN 978-7-5498-6527-7

Ⅰ.G270.7

中国国家版本馆CIP数据核字第202404RK46号

档案管理与信息化建设研究
DANGAN GUANLI YU XINXIHUA JIANSHE YANJIU

著　　者：	马持威　付建华　付　鑫
出 版 人：	车　强
责任编辑：	罗　晗
封面设计：	豫燕川
开　　本：	787mm×1092mm　1/16
字　　数：	136千字
印　　张：	10
版　　次：	2024年10月第1版
印　　次：	2024年10月第1次印刷

出　　版：	吉林摄影出版社
发　　行：	吉林摄影出版社
地　　址：	长春市净月高新技术产业开发区福祉大路5788号
	邮编:130118
电　　话：	总编办　0431－81629821
	发行科　0431－81629829
印　　刷：	北京银祥印刷有限公司

ISBN 978-7-5498-6527-7　　　　　定　价:65.00元

版权所有　侵权必究

前言

在当今信息时代,档案管理面临着前所未有的机遇与挑战。随着信息技术的飞速发展,传统的档案管理模式已难以满足现代社会对信息高效利用的需求。档案作为重要的信息资源,承载着历史的记忆、组织的发展历程以及社会的宝贵财富。如何将先进的信息技术融入档案管理工作中,实现档案管理的信息化建设,成为摆在我们面前的重要课题。

档案是对过去活动的真实记录,具有不可替代的凭证价值和参考价值。无论是政府机构、企业单位还是社会组织,档案都在决策制定、历史研究、权益维护等方面发挥着至关重要的作用。它不仅能够为组织提供准确的历史数据和信息支持,还能为社会公众提供了解历史、研究社会发展的重要依据。

随着计算机技术、网络技术和数据库技术的不断发展,信息化建设已成为各个领域的必然趋势。在档案管理领域,信息化建设能够极大地提高档案管理的效率和质量,实现档案资源的数字化、网络化和智能化管理。通过信息化手段,可以快速检索和获取档案信息,方便档案的利用和共享,同时也有利于档案的保存和保护。档案管理与信息化建设是时代发展的必然要求,也是档案事业发展的重要方向。通过本研究,我们将深入了解档案管理信息化建设的现状和问题,探索有效的解决方案和发展策略,为推动档案管理工作的现代化进程做出贡献。相信在信息技术的不断推动下,档案管理工作将迎来更加美好的未来。

在撰写本书的过程中,作者查阅和借鉴了大量的相关资料,在此向其作者表示诚挚的感谢。此外,本书的撰写也得到了相关专家和同行的支持与帮助,在此一并致谢。由于作者水平有限,加之时间仓促,书中难免出现纰漏,敬请广大读者批评指正。

目 录

第一章　档案管理的概述 ·· 1
　　第一节　档案的起源与发展 ·· 1
　　第二节　档案的基础分类 ·· 4
　　第三节　档案工作的内容与性质 ·································· 7
　　第四节　档案工作的要求与意义 ·································· 9

第二章　档案管理的基本理论 ·· 26
　　第一节　档案信息的来源 ·· 26
　　第二节　文件生命周期理论 ·· 31

第三章　档案管理工作的内容 ·· 35
　　第一节　档案的收集与整理 ·· 35
　　第二节　档案的检索与编研 ·· 46
　　第三节　档案的鉴定与保管 ·· 73

第四章　档案工作管理的现代化分析 ······························ 79
　　第一节　档案工作现代化的意义、内容及影响 ············ 79
　　第二节　档案工作技术现代化 ···································· 84
　　第三节　档案工作管理现代化 ···································· 89
　　第四节　档案工作标准化 ·· 94

第五章　档案信息化管理的探索 ···································· 98
　　第一节　多载体档案统筹管理 ···································· 98

第二节　文件档案一体化管理……………………………………101
　　第三节　档案资源多元化利用……………………………………106

第六章　档案管理信息系统建设……………………………………………113
　　第一节　档案管理软件的开发与应用……………………………113
　　第二节　数字档案室的建设………………………………………126
　　第三节　数字档案馆的建设………………………………………131
　　第四节　档案网站的建立与维护…………………………………135

第七章　档案信息化展望及探索……………………………………………139
　　第一节　档案信息化新技术的应用………………………………139
　　第二节　档案信息化技术探索……………………………………143

参考文献…………………………………………………………………………149

第一章　档案管理的概述

档案管理学是研究档案管理工作的基本原理、原则、技术和方法的学科,是一门理论性与实践性相结合的应用学科。

第一节　档案的起源与发展

一、档案的起源与沿革

关于档案的起源,主要有以下四种观点。

第一种观点认为,在国家诞生以后,产生了文字,用文字记录国家的各种事务,就形成了档案;第二种观点认为,在原始社会末期产生了原始的文字,国家产生后,用文字记录国家的各种事务,形成了档案;第三种观点认为,在原始社会末期产生了原始的文字,原始部落用这种文字记录各项事务,就形成了比较原始的档案。国家形成后,形成了比较有条理的档案;第四种观点认为,原始社会的结绳、刻契就是原始的档案,文字、国家形成后,形成了比较有条理的档案。

由此可见,档案不是历来就有的社会现象,是人类社会随着生产的发展、记录符号的发明和使用逐步形成的。

二、档案载体与名称的发展演变

中华民族悠久的历史和人民勤劳的智慧创造了光辉灿烂的人类文明。中华民族在创造文明的进程中形成的年代久远、数量浩瀚、内容丰富、价值珍贵的档案资源实为世所罕见。档案载体多姿多彩,从甲骨、石刻、简牍、缣帛到音像档案,再到电子档案,经历了长期的发展演变。随着社会的不断进步,档案载体也在继续发展。

(一)甲骨档案

甲骨档案主要是指将人类的社会活动契刻在龟甲、兽骨上而形成的数量庞大、内容丰富的商周时期的档案。商代的甲骨档案距今年代久远,数量众多。甲骨档案记载了商代的军事、经济、社会生活等方面的情况,是我国最珍贵的古代文字档案,也是研究商代历史的珍贵史料。

(二)石刻档案

石刻档案是随着金属工具的使用及其他社会背景而产生的。秦汉以后,随着铁器时代以及秦汉统一帝国活动的发展,石刻档案进入盛行阶段,数量增多,内容丰富,既有帝王出巡、狩猎、宣扬功德、生产活动、社会重要事件的记述,也有颁发政令、规定法纪的文告等。采用石刻形式发布文告,传知的范围既广大,又有利于长久流传,故而直到明清、民国时期仍有所见。

(三)简牍档案

金石档案虽坚固耐久,但载体笨重,制造费工,且不便传递,所以,商周至东晋时期,特别是从周代到汉代的千余年间,多用竹片和木片撰写文书与保存档案。竹片称"简"、木片称"牍",把若干竹片或木片编在一起叫"策"(册,古时策与册二字相通),通常称作"简策""简牍""简书"。

(四)缣帛档案

随着生产力的发展,秦汉之后的简牍仍然大量使用的同时,一些重要文件用丝织品缣帛书写的逐渐多了起来。缣帛作为文书和档案的载体材料,比起竹木简牍显然更为进化。使用简牍上一秦章,竟有多达三千片的。帛为丝织品的总称,缣是双丝的细绢,以比较精制的丝绸为书文和存档的材料,既轻便柔软,剪裁又灵活,传递和保管起来比较方便。

(五)缣帛档案

缣帛档案固然有其当时历史条件下的优点,但缣帛价值昂贵,无法推广使用。随着社会经济、文明的不断发展,勤劳智慧的中华民族早在汉代已发明了造纸术,使文字、档案和其他文献载体、记录方式逐渐地发生了空前的大变革,对人类文明作出了巨大贡献。我国虽然在东汉时期就发明了纸张,但纸完全代替竹木、缣帛而成为官府公文用纸是在魏晋南北朝时期。到了唐、宋,用纸更为普遍,加之印刷术的出现,纸张被广泛应用于写文书。我国现存最古老的纸质档案,是西晋文学家陆机所写的"平复帖",而且也是世界上现存历史最久的纸质档案。

(六)音像档案

音像档案是随着现代科学技术的进步产生的,也被称为声像档案或视听档案,可分为视觉、听觉、视听综合等不同形式,包括照片、唱片、影片、录音带、录像带等。与纸质档案相比,音像档案具有更强的直观性。如照片档案记录了可视形象,录音带可以再现语言和音乐,影片、录像带能录制人物、事件、环境和气氛等。它们成为当时社会活动真实、可靠的可视、可听记录。但除照片档案外,大多音像档案不能直接阅读,需要借助相应设备才能读取。社会实践活动的丰富和科技手段的提高,使音像档案的数量越来越多,作用也越来越大。音像档案的载体有磁性材料、感光材料或其他合成材料,成分复杂、质地脆弱。因为音像档案载体比纸张更易受光、热、温度、污染物等环境的影响而导致音像信息的失真、减弱甚至消失,所以对音像档案的保管条件管理方法和管理要求都与纸质档案有所不同,需要专门的技术、设备、装具或专用库房。

(七)电子文件(电子档案)

电子文件是伴随计算机技术的发展而产生的一种新型文件。电子文件是以代码形式记录于磁带、磁盘、光盘等载体,依赖计算机系统存取并可在通信网络上传输的文件。在电子环境中,文件和档案的界限不像纸质文件与档案那么清楚,而且电子文件的法律效力尚未得到全面的认可,电子文件尚未取得与"档案"一样的法律地位。但是档案馆又不能等这些问题都解决了再来接收电子文件,因此,姑且把作为"档案"接收和保管的电子文件称为"具有档案性质的电子文件"。电子文件具有与传统纸质文件完全不同的特征。其特征主要包括:信息存储的高密度性;信息的非人工识读性；系统的依赖性；信息与特定载体之间的可分离性；多种信息媒体的集成性；信息的可操作性。这些特征决定了对电子文件必须采用与以往不同的管理方法。随着计算机网络系统的发展,电子文件在人类社会的应用领域、应用范围日益广泛,数量日益增加,它给档案管理工作、档案学研究提出了新的全方位的挑战。

第二节 档案的基础分类

一、档案分类的含义

档案分类是指依据一定的标准,按照档案的来源、时间、内容和形式特征,对档案进行有层次的区分,并组成一定的体系。广义的档案分类有三个层次:一是档案概念分类;二是档案实体的馆(室)藏分类;三是档案内容信息分类。

二、档案概念分类

档案概念分类通常称为档案种类划分。根据档案的不同属性和科学管理的需要,可采用不同的标准、从不同的角度对档案进行划分。

(一)按来源划分

按照档案的来源,可将档案分为国家机关档案、团体档案、企业档案、事业单位档案、个人档案等。

(二)按内容划分

按照档案的产生领域及其内容,可将档案分为文书档案、科学技术档案、专业档案。义书档案指反映政务、机关事务管理等活动的档案。科学技术档案指反映科学研究、生产运营、项目建设、设备仪器及其管理等活动的档案。专业档案指反映专门活动领域的档案,如会计档案、人事档案、户籍档案等。

(三)按载体形式划分

按照档案的载体形式,可将档案分为原始型档案、传统型档案和新型档案三类。原始型档案主要指以甲骨、金石、简牍、缣帛、泥板、羊皮、纸草、棕榈叶等材质为载体的档案。传统型档案是指以纸张为载体材料而制成的档案,即纸质档案。新型档案是以感光材料和磁性材料等现代技术产生的新型材质为载体的档案。

(四)按时间划分

按照档案形成的时间,可将档案分为古代档案、历代档案和现代档案。

(五)按所有权划分

按照档案的所有权,可将档案分为公有档案和私有档案。

三、档案实体的馆(室)藏分类

档案信息实体的馆(室)藏分类,也简称为档案实体分类,或直接称为档案分类。档案实体分类是指根据档案的来源、形成时间、内容、形式等特征,对档案实体进行的分类。该分类有两个层次,即档案馆级的分类和档案室级的分类。

(一)档案馆级的分类

档案馆级的分类是指对一个档案馆内全部馆藏档案的分类,我国档案馆的档案是按照全宗和非全宗形式进行分类和保管的。文书档案以全宗作为科学管理的基本单位;科技档案以工程项目、产品型号、科研课题、专业性质、地域特征等非全宗形式作为科学管理的基本单位。

(二)档案室级的分类

档案室级的分类主要有全宗内档案的分类和非全宗形式档案的分类。全宗内档案分类的标准主要有档案的形成时间、来源、内容和形式等。非全宗形式档案分类的标准主要有工程项目、产品型号、科研课题、专业性质、地域特征等。

四、档案内容信息分类

档案内容信息分类是指以国家机构、社会组织的职能分工为基础,结合档案内容所记述和反映的事物属性关系对档案信息进行的分类。

五、国家档案全宗的分类

档案分类按照来源、时间、内容和形式等方面的异同,将归档文件划分为若干层次和类别,构成一个有机体系。分类过程中应正确判定文件所属年度和机构。常用的档案分类方法有如下几种。

第一,年度分类法。以形成和处理文件的年度为标准,将档案分成各个类别。

第二,组织机构分类法。根据文件处理阶段和处理文件的承办单位进行分类,即按照立档单位的内部组织机构将档案分成若干类别。

第三,问题分类法。以文件内容所涉及的问题为根据,将档案分成各个类别。

以上三种分类方法和保管期限结合使用,形成下列复式分类方法。

其一,年度组织机构保管期限分类法。先将立档单位内的档案按年度分开,然后在每个年度内再按组织机构进行分类,再在组织机构下按保管期限划分。

其二,保管期限年度问题分类法。先将归档文件按保管期限分类,每个保管期限下按年度分开,然后在每个年度内再按机构(问题)分类。

其三,组织机构年度保管期限分类法。先将归档文件按组织机构分类,每个组织机构下按年度进行划分,再在年度按保管期限分类。

其四,年度问题保管期限分类法。先将归档文件按年度进行分类,每个年度下按问题分类,再在问题下按保管期限进行分类。

第三节　档案工作的内容与性质

档案工作指管理档案和档案事业的活动,包括档案管理工作、档案行政管理工作、档案教育工作、档案科学研究工作和档案宣传工作等。档案管理指档案的收集、整理、保管、鉴定、统计和提供利用等活动,即档案室和档案馆所从事的档案业务工作。通常说的档案工作是指狭义的档案工作,即档案管理。

一、档案工作的内容

(一)收集档案

收集是指档案馆(室)接收或征集档案和其他有关文献的活动。通过收集使分散的、数量浩繁的档案集中起来,便于档案的科学保管和有效利用。

(二)整理档案

整理是指按照一定的原则对档案实体进行系统分类、组合、排列、编目,使之有序化的过程。通过档案整理工作使成分复杂的档案条理化、系统化,利于档案的保存和使用。

(三)鉴定档案

鉴定是指按照一定的原则和标准,判定档案的真伪和价值,确定保管期限及决定档案存毁的一项工作。通过鉴定工作,去粗取精,剔除失去保存价值的档案,使档案保管机构的人力、物力和财力能够充分发挥作用。

(四)保管档案

保管是维护档案的完整与安全的活动。其基本任务有两个:一是维护档案实体的系统性,使库藏档案始终有序;二是保护档案实体,最大限度地减少人为或自然因素的损坏,延长档案的"寿命"。

(五)检索档案

检索是指存储和查找档案信息的过程。档案检索工作将档案信息运用一系列方法进行加工处理,形成各种检索工具,供人们查找所需档案。

(六)编研档案

编研是指在研究档案和社会需要的基础上,按照一定的题目、体例和方法编辑档案文献的活动。通过档案编研工作,可以满足更多的利用者的利用需要,让档案信息以编研成果的形式长远流传下去,并延长档案原件的寿命。

(七)利用档案

利用又称利用服务,是指利用者以阅览、复制、摘录等方式使用档案的活动。档案得以利用是档案管理工作的最终目的,通过利用可以使包含在档案中的凭证价值和参考价值得以发挥和实现。

(八)统计

档案统计是指对反映和说明档案及档案工作现象的数量特征进行搜集、整理和分析的活动。通过档案统计工作,不仅可以为整个档案管理工作提供真实可靠的原始数据、基本事实,让人们对档案及档案工作做到"胸中有数",而且还为档案工作决策提供强有力的信息支持,保证决策的科学性。

二、档案工作的性质

(一)管理性

档案工作的管理对象是档案及档案事业。档案工作必须用一整套科学的理论原则和技术方法管理档案,对繁杂的档案进行研究、考证和系统管理。

档案工作是各项工作的重要组成部分,任何一项管理工作都离不开档案工作。

(二)服务性

档案工作是一项提供档案信息,为社会各方面工作服务的工作。服务是档案工作赖以存在和发展的基础。

档案工作者应当树立服务意识,掌握服务技能,完善服务条件,提高服务质量,积极为社会建设作出贡献。

第四节 档案工作的要求与意义

一、档案收集工作的基本要求与意义

(一)档案收集工作的要求

1. 丰富和优化室(馆)藏

丰富和优化室(馆)藏要求在收集档案时,做到以下四点。

(1)数量充分

所谓数量充分,就是要求各级各类档案保管机构尽量补充档案数量。就现状来看,我国的档案虽然在总数量上名列世界第一,但在人均占有量上并不高。这与我国的悠久历史和社会的需求不相适应,因此,应想方设法丰富档案室(馆)藏。

(2)质量优化

所谓质量优化,就是指所收藏的档案要达到一定的质量标准,具体包括两个方面:一是档案本身的内在质量(完整性、准确性、规范性)和外在质量(档案载体及书写、印制材料应符合长期安全保管的要求);二是档案整理的质量。只讲数量,不讲质量的收集是没有价值的。必须保证所收集的档案在将来有人使用,必须在增加数量的同时,按国家的相关标准进行收集。

(3)门类齐全

所谓门类齐全,就是指档案保管机构应收集各种门类的档案。在收集中不仅要收集文书档案,也要收集科技、专门档案;不仅要收集纸张载体的档案,还要收集声像、照片、电子等各种载体形态的档案。

(4)结构合理

所谓结构合理,就是指档案保管机构所收藏的档案在来源、内容等方面,应该是合理布局的。档案馆、室藏档案既要有一般性的材料,也要有各具特色的材料;既要有领导机关的材料,也要有基层单位的材料;既要有宏观材料,又要有微观材料。在收集时,既要收集档案,又要收集如报刊、地方志、传记、年鉴、回忆录、文件汇编、成果汇编及其他书刊等资料。

2. 加强档案室(馆)外的调查和指导

档案室必须注意调查研究,掌握本单位文件的形成规律和特点,制定归档制度,明确接收档案的范围、时间、数量与质量要求。档案馆应从本馆的性质与职责出发,对有关国家机构、社会组织和个人的职能、地位、任务及形成档案的种类、内容、保存价值、数量、整理和保管等情况进行调查研究,确定应移交档案的范围、时间、数量、质量要求和手续。

在接收前,档案室应加强对有关部门的档案工作进行指导,以保证所收集的档案的质量与价值。

3. 积极推行入室(馆)档案的标准化

积极推行入室(馆)档案的标准化要求在收集档案时控制好档案的质量。凡反映本机关主要职能活动,具有保存价值的各种门类、各种载体的档案,均应收集齐全完整;进馆档案必须以全宗为单位进行整理;进馆档案必须经过鉴定,保管期限必须准确无误;档案整理(分类、组卷、排列、编号、编目、装订等)规范;所采用的档案包装材料必须符合国家的相关要求,所编制的检索工具应符合档案工作要求,在利用档案时能做到有目可查;归档材料中有电子文件的,应当与相对应的纸质文件一并存档;属于非光盘形式的电子文件,应当转换成光盘储存形式的电子文件。档案工作的标准化,应该在收集时就着手推行。

4.保持全宗不可分散性

全宗就是一个立档单位形成的全部档案,一个单位的各项活动是密切联系的,因此在活动中形成的各种文件材料也必然存在固有的联系。为了确保文件的完整,在收集档案时必须坚持全宗不可分散的原则,一个单位形成的档案应集中到一个档案室,不能人为地分散处理。

(二)档案收集工作的意义

档案收集工作是整个档案工作中极为重要的一个环节,是档案馆的一项重要的基础性工作。做好档案馆收集工作,对于加强国家档案资源建设、丰富馆藏、优化结构、建立健全"三大体系"、发挥"五位一体"的功能、提高档案馆服务水平,有着重要意义。

1.档案收集工作是档案工作的前提条件

没有档案收集工作,就不可能有完整的档案,也就不可能有健全的档案工作。收集是档案室(馆)取得档案的一种手段。档案收集工作是档案工作的起点,它为档案工作提供了物质条件。

2.收集工作是维护国家历史真实面貌的必要手段

档案室(馆)的收藏是一定地区、部门在经济、科学和文化教育等方面情况的综合反映。收集工作使得档案齐全完整,内容丰富,应该补充进馆的档案及时接收进馆,并把散存在机关、组织、个人手中以及散失在各地的档案材料收集补充到档案室(馆)。档案是维护历史真实面貌的重要凭证,是贯彻执行党的路线、方针、政策的重要工具,因而收集工作的作用是十分明显的。

3.收集工作为开展档案室(馆)各项工作,加强档案室(馆)建设奠定基础

档案馆要开展利用工作,没有一定数量的档案是无法进行的,而室(馆)藏不丰富、门类不全,就很难满足社会上各条战线、各种工作、各种人员对档案利用提出的各种要求。编研工作更需要有丰富的档案作为后盾。档案室(馆)其他日常工作,也必须在室(馆)藏丰富的基础上才能做

得更好。档案的整理,只有从众多的档案材料中才能清楚、准确地把握档案内在的有机历史联系,才能在丰富材料基础上综观全局、全面考察、权衡利弊,提高工作效率,加快整理工作进度,为档案提供利用等工作创造条件。

总之,只有做好收集工作,才能使室(馆)藏丰富,材料齐全,为档案室(馆)各项业务建设,为提高档案工作科学水平提供了必要的物质条件。

4. 收集工作促进了档案学的理论发展,推动档案工作现代化的实现

档案室(馆)作为国家保存档案的重要基地,也是发展档案学理论的重要源泉。假若档案室(馆)藏不丰富,档案室(馆)各项工作开展不充分,就不可能为档案学理论的突破和发展提供充足的实践依据。室(馆)藏越丰富,各项工作实践也就越丰富多彩,必然提出许多新问题、新要求,提供很多新情况,为档案学理论的发展打下了坚实的基础,推动了档案学理论的发展。

丰富的室(馆)藏也是实现档案工作现代化的推动力量。要实现档案工作现代化,最基本的是要有丰富的室(馆)藏和对现代化的迫切需要。室(馆)藏丰富,利用者便如鱼得水,这无疑会对实现档案工作现代化产生重要的推动作用。

二、档案整理工作的意义与基本要求

(一)档案整理工作的基本要求

档案整理工作的基本要求是:保持文件之间的历史联系;充分尊重和利用原有的整理成果;便于保管和利用。

1. 保持文件之间的历史联系

文件之间的历史联系是指文件在产生和处理过程中所形成的内部相互关系,保持文件之间的历史联系是档案整理工作的根本性原则,可使档案能够客观地反映其形成者的历史面貌。文件之间的历史联系主要表现为以下四个方面。

(1)文件在来源上的联系

文件的来源一般指形成档案的社会组织或个人。同属于一个形成者或同类型形成者的文件在来源上有着密切的联系。

不同来源的文件反映不同形成者历史活动的面貌,在整理档案时必须保持文件在来源上的联系,而且,不同来源的档案不能混淆在一起。

(2)文件在时间上的联系

文件的时间一般是指其形成的时间。不同时间的活动,所形成的文件先后有序;同一阶段的活动,所形成的文件具有自然的时间联系。在整理档案时,保持文件之间在时间上的联系,有利于体现其形成者活动的阶段性、连续性和完整性。

(3)文件在内容上的联系

文件的内容一般指文件涉及的具体事务或问题;解决同一个事务、同一项活动、同一个问题所形成的文件之间必然具有不可分割的联系。在整理档案时,保持文件之间在内容上的联系,有利于完整地反映其形成者各种活动的来龙去脉和基本情况,也便于查找利用。

(4)文件在形式上的联系

文件的形式一般是指其载体、文种、表达方式以及特定的标记等存在与表达形态方式的因素。不同形式的文件往往具有不同的作用、特点和管理要求,可承接不同的任务,反映一些特定的工作关系。在整理档案时,保持文件在形式上的联系,有利于揭示文件的特殊价值,便于档案的保管和利用。

2.充分尊重和利用原有基础

充分尊重和利用原有基础指档案管理者要善于分析、理解和继承前人对档案的整理所形成的自然基础,不可轻易地予以否定或抛弃。需做到以下几点。

第一,当原有基础基本可用时,应维持档案原有的秩序状态。

第二,如果某些局部整理结果明显不合理,可以在原来的整理框架内进行局部调整。

第三,如果原有的整理基础无法实行有效管理,可进行重新整理。

3. 便于保管和利用

便于保管和利用是档案整理工作的出发点和目的,也是检验整理工作质量的标准。在整理档案时,应保持文件之间的历史联系与便于保管和利用之间是一致的。而在某些特殊的情况下,二者之间会发生一定矛盾,此时就需要综合考虑各种因素,在保持文件之间历史联系的前提下,采取分别整理的方法,以利于档案的保管和利用。

(二)档案整理工作的意义

1. 档案整理通过有效保持文件之间的有机联系,为实现档案价值创造条件

保存档案的主要目的是及时地、系统地提供档案为社会各项事业服务。为了达到这样一个目的,所提供利用的档案必须经过科学的整理。没有经过整理和系统化的档案,就不能充分体现档案的历史记录的特点,在不能完整地反映出各项活动的历史联系和本来面貌,就会影响以致失去档案的利用价值,不便于进一步调查研究问题。档案整理工作的基本目的,是把档案组成一个体系,通过编目使其固定下来,为利用档案提供方便条件。

2. 档案整理是开展其他档案业务活动的重要基础性工作

档案整理不仅为档案的利用创造了方便条件,而且也为整个档案管理工作奠定了良好基础。在档案管理的诸多环节中,收集工作是起点,提供利用是档案工作的目的,而档案的整理则是承上启下的关键业务。收集或征集来的档案,经过档案整理这个环节,可以进一步了解和检查档案收集工作的质量,对档案收集工作有一定的促进作用。档案在整理过程中,往往是与档案价值的鉴定工作结合进行,而鉴定档案的价值和划分档案的保管期限,必须对档案进行全面的考察和仔细认真的分析,只有经过系统整理的档案,才能提供这种可能性。经过整理以后的案卷是档案的

保管、统计、检查的具体工作对象和基本单位,也使编制档案检索工具与编写参考资料有了主要依据。

3. 档案整理是实现档案管理现代化的要求

采用现代化手段管理档案,要求对档案实体加以整理,使之达到一定的系统化程度。例如,计算机库房管理系统、编目系统都需要以档案实体一定体系为基础,档案数字化、信息化、缩微化更要求档案原件系统有序、具有有机联系的档案达到相对集中。档案管理的现代化,也需要以档案的系统整理为基础。

三、档案价值鉴定工作的意义与基本要求

(一)档案价值鉴定工作的要求

1. 应从国家和社会的整体利益出发去判定档案的保存价值

档案价值鉴定工作是一项直接关系到一个国家和民族的社会历史记忆能否得到有效维护、传承和保护的重要工作,应从国家和社会的整体利益出发,科学地组织和开展。每个立档单位之所以会保存档案,其直接的动力来源是为本单位的业务工作的可持续进行,留存足够的业务活动证据和法律所要求的证据,同时也为保证本单位业务活动的健壮性,留存那些具有参考价值的文件和记录。

但是,随着时间的流逝和立档单位的业务发展,原来留存的档案就会逐渐失去其业务证据价值和业务参考价值,这时立档单位继续保存这部分档案的"原动力"就不存在了。为此,在开展档案价值鉴定工作时,尤其是在对"保存期满"的档案进行"定期鉴定"时,各立档单位和国家档案管理部门只有遵循"从国家和社会的整体利益出发去判定档案的保存价值"的原则性要求,才能保证国家记忆、民族记忆、社会历史记忆的相对完整性,才能保证中华民族文化的长久传承和发展。

2. 应采用全面的观点指导档案价值鉴定工作

不谋全局者,难以谋一域。所谓用全面的观点指导档案价值鉴定工

作,从立档单位角度看,就是在判定档案保存价值时,应全面分析影响档案保存价值的相关因素,综合判定档案的保存价值;从社会角度看,就是在判定档案保存价值时,应避免只从一个机关、一个部门(机构)或个人的需要出发去开展价值鉴定工作,而应从社会的需要出发去开展工作。从档案管理的整体效益角度看,坚持全面的观点开展档案价值鉴定工作,也是实现整个国家档案资源体系建设整体优化目标的需要。如何有效地消除全宗之间的"档案重复留存"问题,关键的解决办法之一就是在档案价值鉴定工作中切实采用"全面的观点",通过有效的整体控制手段和措施来实现。

用全面的观点指导档案价值鉴定工作,有助于档案价值鉴定人员从整体上把握和认识有关全宗、类别(系列)、案卷的保存价值,避免孤立地判定每一份文件的保存价值。

3.应采用历史的观点指导档案价值鉴定工作

档案是历史记录,具有鲜明的历史时代性特征。那种只从"现实需要"出发判定档案保存价值的思想和行为,会给人类社会档案记忆的完整性和连续性造成极大的损害。在鉴定档案价值时,坚持历史的观点,就是要根据档案产生的历史条件及其在历史上的作用,科学地评价其对维护人类社会历史记忆的有用性,确定其保存价值。在档案价值鉴定工作实践中,坚持历史的观点,就必须坚决反对片面的实用主义观点。

4.应采用发展的观点指导档案价值鉴定工作

在档案价值鉴定工作中,按照发展的观点开展档案价值鉴定工作,就是要充分考虑到档案保存的未来意义。档案的保存不仅是现实社会存续和发展的需要,也是子孙万代的生存与发展需要。档案价值鉴定工作人员应具有一定的预测未来社会发展需要的能力。随着数字时代的到来,一些在纸质档案占统治地位的时代被鉴定为"保存价值不大"的文件和记录,其数字形态的记录却因为蕴藏着丰富的、可供分析和加工的"数据"和"信息",而成为一种非常具有留存价值的资源。所以,那种简单地认为

"纸质文件和记录"与"电子文件和记录"的保存价值相同的观点和做法，是非常武断和有害的。正确的做法是：纸质档案按传统的价值鉴定标准去判定其保存价值；数字档案（电子档案）的价值鉴定标准则应重新确定。

5. 应采用科学的效益观点指导档案价值鉴定工作

对于纸质档案等传统载体形态档案的价值鉴定，必须考虑立档单位和国家档案管理部门的保存能力。为此，开展档案价值鉴定工作时，鉴定人员应对列入保存范围的文件和记录的利用价值和利用效益，进行充分预测和评价。只有当档案发挥作用所带来的经济效益和社会效益大于我们所付出的管理成本时，才能认为档案是具有保存价值的。

(二)档案鉴定工作的意义

档案鉴定是决定档案存毁的关键一环，对文件进行价值分析并确定保管期限，并将到期的档案剔除销毁，是档案管理工作中最具有决定意义的一环。具体可以归纳为以下三个方面。

1. 去粗取精，解决档案日益庞杂与保管精练之间的矛盾

档案的鉴定，就是解决庞杂与精练之间的矛盾，是对档案的"去粗取精"的工作。档案是社会实践活动的产物，随着时间的推移，档案与日俱增，数量不断增多，致使档案日益庞杂，这就影响了查找利用的效率。而档案保管限于库房等物质条件的限制，又要求保管的档案数量越精越好。档案是保存下来的宝贵财富。档案与档案的价值是不同的，有的大，有的小，而可能短时期内有用，有的可能长久有用，而人们利用的都应是有价值的档案。开展档案鉴定工作，目的是解决档案日益庞杂与保管精练之间的矛盾，便于档案查找利用。

2. 节约保管成本，提高工作效率

保存档案也要讲究效益问题，档案保管是需要大量人力和物力的，档案数量越多，需要的保管成本就越高。因此为了降低保管成本，就必须对不断产生的新档案材料以及保管期满的档案进行价值鉴定，将无保存价值的和已经失去保存价值的档案清理出去，精简库存档案，玉石区分，节

约保管成本,提高工作效率。

3. 主次分明,便于安全管理,应对突发事件

档案鉴定就是将无价值的档案材料剔除出去,一方面,节约了保管成本,腾出库房和装具去妥善保管有价值的档案材料;另一方面,明确了档案的价值,主次分明,日常管理时就很容易确定保管的重点,便于安全管理,应付突发事件。如遇到水灾、火灾、地震等天灾人祸时,就能很快确定抢救重点,及时抢救和转移价值大的档案资料,减少损失。

4. 档案鉴定是"去芜存菁",提高管理效益的科学措施

档案的鉴定工作就是通过对档案的不断筛选,去芜存菁,使保存的档案得以精练,便于保管和利用。保存精选的档案,在提供利用时可免"沙里淘金"的查找之苦;有助于集中人力、物力改善保管条件;遇到突然事件,如水灾、火灾、地震等,便于迅速抢救和转移重要档案。

四、档案保管工作的意义与基本要求

(一)档案保管工作的要求

1. 重视日常管理工作

为了保持档案库房管理的稳定、有序,我们应注重建立健全管理规则和制度,加强日常管理。在库房管理中要做到:归档和接收的案卷及时入库;调阅完毕的案卷及时复位,定期进行案卷的清点和检查,发现问题及时处理。只要持之以恒地坚持严格的日常管理,就能保证库房内档案的良好状态。

2. 预防为主,防治结合

在档案保管工作中,保护档案实体安全的方法概括起来主要有两类:一是如何预防档案实体损坏的方法;二是当环境不适宜档案保管要求时或当档案实体受到损坏后如何处置的方法。在归档或接收的档案中,实体处于"健康"状态的档案占绝大多数。因此,在档案保管工作中,积极"预防"档案受到各种不良因素的破坏是主动治本的方法。应该采取各种

措施,确保这些档案的长期安全。同时,还应该通过加强日常管理和检查,及时发现档案实体出现的"病变"情况,以便于迅速地采取各种治理措施,阻断或消除破坏档案的有害因素,修复被损害的档案,使其"恢复健康"。预防为主,防治结合,才能全面保证档案实体的安全。

3. 重点与一般兼顾

由于档案的价值不同,保管期限长短不一,所以,在管理过程中,我们应该掌握突出重点、兼顾一般的原则。对于单位的核心档案、重要立档单位的档案、需要长久保存的档案,应该加以重点保护,尽量延长档案的寿命。同时,对于一般性、短期保存的档案也要提供符合要求的保管条件,确保其在保管期限内的安全和便于利用。

4. 管理与技术相结合

档案保管工作要有效开展,管理和技术二者缺一不可,二者从不同层面上维护着档案的安全和完整。管理和技术在应对威胁档案安全的不同风险因素中,各自发挥着不可替代的作用。例如:由于人为因素对档案造成破坏的,需要靠管理制度来约束,单纯的技术是难以发挥作用的;而对于不可控的自然因素对档案带来的破坏,必须利用先进的技术来应对。同时,无论是管理还是技术,都不是一成不变的。管理的理念、方式需要不断科学化、合理化,技术手段需要不断现代化,以确保管理和技术成为档案保管工作科学发展的双翼。

5. 不同的档案,区分保管

在档案保管中,不能采取"一刀切"的模式来管理全部档案。为了实现对档案的合理保管,对于不同价值的档案,应区别对待。在保管工作中,所谓不同的档案,主要是从档案的保存价值、保管期限以及载体等方面加以区分的。对不同保管期限的档案,其保管条件也略有差异。区分保管不同价值、不同保管期限的档案,有助于实现档案保管工作稳定有序开展。尤其是随着社会科学技术的飞速发展,不同载体的档案大量产生,不同载体记录信息的结构、原理不同,其保管要求也各不相同。因此,不同载体的档案,也应区分保管。

(二)档案保管工作的意义

档案保管工作质量的高低,对档案管理水平具有重大的影响,甚至在一定的条件(如涉及档案存毁安全问题)下具有决定性的影响。档案保管得好,就为整个档案工作的进行提供了物质对象,提供了一个最起码、最基本的前提。

五、档案检索工作的意义与基本要求

(一)桥梁作用

档案的数量随着时间的推移而日益庞大,内容也日益繁杂,涉及社会实践活动的各个方面,对于利用者来说犹如档案之海,如果不借助科学的方法和手段,便无法从中获取所需的档案。档案检索工具在档案和利用者的特定需要之间架设了一道"桥梁",沟通了二者的借需关系,利用者借助检索工具便可以较为迅速准确地获取所需档案。也有人将这种桥梁作用比喻为"打开信息宝库的钥匙",使用它才可以开启档案信息宝库之门,满足特定的需求。

(二)交流作用

档案检索工具中存储了大量的档案信息,它不仅可以提供查询,还可以成为档案馆(室)与利用者、档案馆(室)之间的交流工具。利用者借助它可以了解档案的分布、内容、价值等信息;档案馆(室)借助它可以互相了解馆藏情况、互通有无,提高服务质量。

(三)管理作用

档案检索工具记录了档案的主要内容和形式特征,集中、浓缩地揭示了馆藏情况,档案工作人员可以通过检索工具概要了解馆藏档案的内容、形式、数量等情况,为档案管理业务活动提供一定的依据,尤其是馆藏性检索工具反映档案实体顺序,在库房管理、档案数量统计等管理活动中直接发挥作用。各种检索工具还是档案工作人员查找档案、提供咨询、开展档案编研工作的必要手段。

六、档案编研工作的意义与基本要求

(一)档案编研工作的基本要求

档案编研工作是一项政治性、科学性很强的工作,需要有高度的责任心和实事求是的科学态度,严肃认真,一丝不苟。具体要求包括以下内容。

1. 史料真实

编研过程中选用的档案史料必须正确、客观地反映历史事实,这是检验编研成果质量和能否经得起历史考验的关键所在。档案编研工作必须对档案材料进行认真的核实考证,去伪存真。

2. 内容充实

档案编研成果能否受到社会的欢迎和重视,主要取决于它是否有丰富充实的内容,能否完整地反映有关事物的发生、发展、变化和终结的全部过程。因此就需要将与题目有关的档案材料收集齐全,尽量选用并组成能反映题目内涵的完整材料。

3. 体例系统

体例上的系统,是指将档案材料按其内在联系,组成一个有机整体。在内容上条理分明,上下联系,合乎逻辑;在编排体例上科学地划分章节或分类,结构严谨,形成体系。

(二)档案编研工作的意义

1. 档案编研工作是档案馆(室)主动地、系统地提供利用服务的一种方式

档案工作人员把具有研究价值和实用价值的档案信息编辑、加工后,推荐、分发给有关利用者使用或公开出版,使馆外利用、异地利用成为可

能,这有利于更加广泛地发挥档案在各项事业中的作用,对于实现档案信息资源共享也是十分有益的。

2. 开展档案编研工作是提高档案馆(室)工作水平的一个重要途径

档案馆(室)搞好档案的收集、整理、编目等基础工作是开展编研工作的前提;而在档案编研过程中大量调阅档案,又可对档案馆(室)的基础工作起到全面检验的作用。档案编研工作要求档案工作人员具有较高的知识水平,可以促进档案干部队伍素质的提高。档案编研工作向社会各界和本机关提供了系统的档案信息服务,有助于扩大档案工作影响,赢得社会各方面对档案工作的重视和支持。

3. 开展档案编研工作是保护档案原件和长远流传档案史料的一种措施

档案编研成果不仅有积累史料、传播文化的作用,而且可以代替档案原件提供利用,从而保护了档案原件使之延长自然寿命。将档案文献汇编出版,分存于各处,即使原件遭到损毁,档案的内容也可长久流传。

七、档案利用工作的意义与基本要求

(一)档案利用工作的基本要求

档案利用工作的基本要求是档案馆(室)应当为档案的利用创造条件,简化手续,提供方便,主动开展档案的利用活动,及时掌握档案的利用效果,加大宣传力度。具体要求包括以下四个方面。

第一,档案工作者要不断提高自身的素质,主动、及时开展档案利用工作。

第二,不断完善档案服务方式和手段。

第三,掌握本单位、本地区近期的重点工作、重大活动,据此开展档案利用工作。

第四,加大档案的宣传力度,增强全社会的档案意识,促进利用。

(二)档案利用工作的意义

档案利用工作的意义,主要表现在以下四个方面。

第一,档案利用工作是发挥档案作用、实现档案价值的主渠道,是档案工作为社会主义现代化建设服务的直接手段。

第二,档案利用工作是档案工作联系社会的一个窗口。

第三,推动档案基础业务建设,提高档案工作水平。

第四,促进档案工作人员业务进修学习,提高档案干部队伍素质和工作能力。

八、档案统计工作的意义与基本要求

(一)档案统计工作的要求

档案统计工作是档案部门的一项严肃科学任务,为了做好档案统计工作,发挥档案统计工作的作用,在进行统计时必须做到准确、及时和科学。

1. 及时性

统计工作的目的是解决档案工作中的实际问题,及时了解有关情况。如果统计工作拖沓,必然会贻误良机,从而影响档案工作。为此应该建立档案统计制度,使档案统计纳入档案部门的日常工作轨道,各级各类档案馆、档案室的统计工作要制度化,相互配合,及时地按规定上报档案工作领域的相关信息,为指导和监督档案工作提供科学依据。

2. 可量化性

统计是以数字来量化反映统计对象现状的。档案统计工作中,实施统计的重要领域及其重要因素,必须是可进行量的描述与量化研究的。否则,档案统计工作会成为一般的档案登记工作。

3. 连续性

为达到统计工作的目的,保证统计数字的准确性和统计工作的质量,档案统计工作必须连续进行,对有关内容的统计一定要有始有终,不能间断。只有保持连续性,档案统计工作才能对档案现象的发展变化进行历史的、系统的、全面地加以反映和概括分析,也才能保证统计工作的质量,达到统计工作的目的。

4. 目的性

档案统计工作是为了一定的目的进行的,不是为统计而统计。如果没有明确的目的性,统计工作就会失去意义,也不容易坚持下去。因此,确定档案的统计项目,要依据本单位的实际情况,兼顾需要和可能,如单位大小、档案多少、管理状况和利用状况质量高低等有目的地、实事求是地建立本单位的档案统计工作。

5. 准确性

档案统计工作的基本要求是保证统计数据准确无误。统计工作所获得的各种数据及其整理、分析得出的数据和结果都必须是真实可靠,具有客观真实性。档案统计工作是从档案现象的质和量的辩证统一中研究它的数量方面,是用数字语言来表述事实的,因此,必须十分准确。数字的真实性、准确性是科技档案统计工作的生命。

要做到统计数字真实、准确,就必须有认真、负责的工作态度和一丝不苟、实事求是的工作作风,严格统计纪律,建立和规定科学的统计指标和统计计量方法。这样统计出来的数字才有价值,也才能够保证统计工作目的的实现。

6. 法治性

现代是法治社会,任何工作都要依法办事,档案工作也不例外。档案统计也要纳入法治建设的轨道。因此,档案统计也要加大执法力度,才能使档案统计工作顺利开展,真正发挥档案统计工作的作用。

统计工作的目的是要对统计数字进行分析、研究,从中寻找事物发展变化的规律。对档案统计所取得的原始数字进行周密分析和研究,根据档案现象在一定时间、地点和条件下的具体数量关系,揭示档案及其管理工作中的内在联系和矛盾,从中总结经验,发现问题,分析矛盾,探索规律,从而改进档案工作,提高管理水平。

(二)档案统计工作的意义

1. 档案统计工作是认识档案工作的一种重要手段

档案工作中诸多现象的发展过程、现状和一般的规律性,通过档案统计,让人一目了然。而且正是这种长期、系统地积累资料的工作,为档案管理研究和综合统计,为人们加深对档案工作的认识提供了一种手段。

2. 档案统计工作是科学管理档案的基础

从档案统计工作来看,国家档案事业的方针政策、计划、法规制度的制定都离不开档案统计工作,统计工作提供的大量的信息可以对档案事业进行指导、监督、协助理顺档案事业的各个方面的关系。

科学管理档案不仅要定性分析,也要定量分析,二者结合才能实现科学管理,提高档案管理水平,以更好地指导档案实践工作。做好档案统计工作,可以为定量分析提供必要的数据。

3. 档案统计工作是提高档案学研究水平的重要保证

档案统计是档案学发展的一个表现。以前档案学研究比较偏重于研究社会科学的方法,随着科学技术的发展,档案学也逐渐运用自然科学、技术科学和管理学的方法来研究,由定性研究逐渐转变为比较关注定量分析研究。因此只有加强档案统计,认真进行分析,才能促进档案学的发展。

4. 档案统计是使档案工作处于良性运行的重要保证

从系统论的角度来看,档案工作是由档案实体管理、档案信息开发和档案反馈信息处理三个子系统组成的,档案统计工作就相当于档案反馈信息处理系统,统计得来的具体数据,直接反映了档案工作各方面的实际情况和水平,这是非常重要的。它可以提供正确的决策依据和监督指导档案工作的统计资料,从而保证档案工作处于良性运行状态。

要了解档案用户的需求、档案业务工作的现状、水平、成绩和不足,都离不开反馈信息的处理。而这主要是通过统计工作来实现的,如要了解档案用户的需求,就要通过调查研究得到大量的数据资料,然后对这些数据资料进行及时的整理、分析就可以总结出档案用户的需求情况、需求趋势等。

第二章 档案管理的基本理论

迄今为止,指导档案管理工作的基本理论主要有来源原则、文件生命周期理论,以及档案价值的鉴定理论。来源原则产生于档案整理工作实践,并发展成为指导整个档案工作的基本理论,也是支撑档案学独立学科地位的理论基石。文件生命周期理论科学揭示了文件生命运动的客观规律,对于文件和档案的科学管理具有重要的指导意义。档案价值鉴定理论的演变发展过程反映了人们对档案价值形态和构成的认识过程。随着档案文件数量的激增,档案价值鉴定理论对档案管理工作的实际指导意义日趋突出。

第一节 档案信息的来源

一、来源的含义

来源的基本含义可概括为:尊重来源,尊重全宗的完整性,尊重全宗内的原整理顺序。具体是指档案馆在整理档案时,应首先根据来源标准整理档案,将同一来源的档案组织成一个有机整体;维护全宗的完整性,同一全宗的档案不可分散,不同全宗的档案不能混淆;在全宗内,应尽量保持文件形成机关的原始整理顺序。这是因为,文件形成机关的文书和档案人员最为了解文件的形成过程和内在联系,因此,他们对文件档案的整理体系能够最为确切地揭示档案形成的历史原貌。档案馆人员应该尊重这种原整理体系,充分利用原有的整理基础,最大程度地保留档案最初的整理状态,实现档案的原始记录性功能。

二、来源的原则分类

来源从其产生到发展经历了如下几个阶段：起源、正式形成、理论论证与国际认同、国际化发展、遭遇挑战与重新发现。

(一)尊重全宗原则

"尊重全宗原则"的提出在世界档案事业史上具有划时代的意义,它改变了各国以事由原则管理档案的传统办法,很快被大多数欧洲国家的档案工作和历史学家所接受并继续加以发展。"尊重全宗原则"是来源原则的起源,它将来源联系作为整理档案的首要标准,强调将同一来源的档案以全宗的形式组织在一起,使档案整理与图书整理从本质上区分开来,体现了档案的本质属性。

(二)登记室原则

"登记室原则"的主要内容是：机密档案馆整理档案按照来源进行；每一个机关一旦开始移交文件,就要立即指定一部分库房专放该机关的文件。在这部分库房内,官方文件要保持它在有关机关官方活动过程中获得的原有顺序和标志。"登记室原则"与"尊重全宗原则"一样,都强调尊重档案的来源,将同一来源的档案组成全宗。两者的不同之处在于全宗内的分类方案不同,"登记室原则"强调要保持原机关的文件整理顺序和体系,而"尊重全宗原则"则在全宗内按主题重新整理。相比之下,"登记室原则"更加严格地体现了档案的来源联系,是对"尊重全宗原则"的继承和发展。

三、来源原则的国际发展

来源原则在欧美得到了广泛应用。我们接受、运用并发展了来源原则,发展形成了我国的全宗理论体系。

(一)全宗的含义

全宗是独立的机关、团体或个人在社会实践活动中形成的具有有机联系的档案集合体。它包括四个方面的含义：

1. 全宗是一个有机整体。同一全宗的档案不能分散，不同全宗的档案不能混淆。

2. 全宗是在一定的历史活动中形成的。全宗不是人为地任意地组合而成的，而是在社会实践活动过程中自然而然形成的，具有客观性，体现了档案的形成特点。

3. 全宗是以一定的社会单位或社会活动项目为基础构成的。全宗有两种构成方式：一是以一定的社会单位（国家机关、社会团体、个人、企事业单位等）为核心构成全宗；一是以一项独立的社会活动项目（工程项目、科研项目、生产项目等）为核心构成全宗。

4. 全宗是档案的基本管理单位。全宗是组成国家档案全宗的基本单位，也是对档案进行日常科学管理的基本单位。档案管理要以全宗为单位进行分类、排列、鉴定、保管和统计。

(二)全宗的类型

全宗按其形成者类型，可分为组织全宗、个人全宗、项目全宗三种。组织全宗是一个能独立行使职权的社会组织（国家机关、企事业单位、社会团体等）在其活动中形成的档案整体。个人全宗是社会著名人物在其活动中形成的档案整体。项目全宗是在某一项活动中形成的档案集合体。

按形成方式，可分为独立全宗、联合全宗、汇集全宗、档案汇集。独立全宗是一个全宗形成者（立档单位）形成的档案集合体。联合全宗是两个或几个关系密切的立档单位形成的、难以区分而统一管理的档案集合体。汇集全宗是按一定特征组成的，档案数量很少或残缺不全的若干全宗的集合体。档案汇集是由不同立档单位形成的，按照一定特征集中起来的档案混合体。

(三)全宗(立档单位)的构成条件

与全宗的类型相对应，组织立档单位、个人立档单位、项目立档单位各有其立档条件。

1. 组织立档单位的构成条件

执行了相对独立的社会职能,以自己的名义单独对外行文;设有会计单位或经济核算单位,自己可以编制预算或财务计划;设有人事管理机构,具有一定的人事任免权。简言之,要有独立的人事任免权、行文权、财权,一般还具有法人资格。

2. 个人立档单位的构成条件

当一个人执行了一种相对独立、比较重要的社会职能,并积累了足够数量的以自己名义署名的文件时,才有资格构成立档单位。

3. 项目立档单位的构成条件

项目在本专业领域或一定范围内自成体系并具有相当规模,与此相应,围绕该项目而产生的档案文件具有相当数量而足以构成一个全宗。

(四)全宗理论的适用范围

(1)在收集工作中的应用。机关档案室的归档工作要求遵循文件材料的形成规律和特点,保持文件之间的有机联系;档案馆对档案的接收要求保持全宗的完整性,一个全宗的档案作为一个整体统一进馆,不得随意分散。

(2)在整理工作中的应用。在档案整理工作中,一个全宗的档案作为一个整体,进行系统化整理、分类和排列,档案管理的完整性、系统性得到体现。

(3)在鉴定工作中的应用。档案鉴定要以全宗为基础来权衡全宗内案卷和文件的价值,若离开全宗孤立地鉴别一份文件,则难以判定其价值。

(4)在保管和统计中的应用。全宗是档案保管和统计的重要单位。

(5)在编目工作中的应用。许多档案检索工具都是以全宗为对象编制的。如全宗文件卡片目录、全宗指南等。

(6)在基础工作中产生的全宗理论不可避免地对利用工作产生影响,如阅览室调卷、档案展览、档案编研等都离不开全宗。

四、来源原则遭遇挑战与重新发现

20世纪中后期以来,随着人类科学文化事业的进步和社会生产力的提高,档案数量和种类不断增多,新型载体档案尤其是电子档案大量增加,档案整理和分类置身于数字化的环境之中。人们不禁产生疑问,来源原则是否能一如既往地保持其生命力呢?

20世纪60～70年代国际上兴起了一种新的档案学思潮,其特点是强调直接提供档案信息利用的重要性。从信息利用的角度,一些档案学者对来源原则面临电子时代和信息技术的挑战提出了质疑,因此鉴定时主要考虑文件是否含有未来利用者所需的信息即可,与纸质文件相比,来源原则在整理和著录领域发挥的作用要小得多。后来有的学者认为,来源原则的作用并非永恒不变,可能只适用于某类机构的某类文件。

20世纪80年代中期以来,欧美档案学者重新认识到来源原则的重要性,肯定了来源原则的中心地位。《来源原则的力量》一文呼吁通过深入了解文件形成者职能及文件格式来提高来源原则检索信息内容的能力。建议档案人员不要局限于关注档案主题内容的分析,而应重视对文件形成者、文件格式的研究,通过了解文件形成的背景知识来理解文件的信息内容,从而建立一种反映机构职能、组织结构以及其他特征的来源索引。该文的发表促使欧美档案界重新评价和认识来源原则的地位和作用。

20世纪90年代以来,北美档案界越来越多地认可来源原则在现代文件,特别是电子文件管理中的重要价值和指导意义。电子文件的管理以及应对电子时代赋予档案管理的诸多挑战不能抛弃来源原则,相反只能更多地依赖来源原则。

"来源的重新发现"实质是一种"新来源观"。它使来源的含义更加扩展,由以往的实体来源—文件形成机关,扩展为相对抽象的"文件形成过程"。即文件在什么条件、为了何种目的、采用怎样的结构形成等各种综合的背景信息。"新来源观"是来源原则在电子时代的自我适应和发展,它使来源原则在新的信息技术环境里具有广泛的实践意义。

第二节 文件生命周期理论

文件生命周期理论是文件管理的核心理论。20世纪文件数量的激增是文件生命周期理论产生的社会背景。文件中心的出现以及人们寻找对其的理论解释是导致文件生命周期理论产生的直接原因。后来,随着研究范围的逐渐扩大,人们对文件的整个运动过程以及对这一过程的全面管理进行了系统研究,客观揭示了文件的运动过程和规律,最终形成了文件管理的核心理论。

一、文件生命周期理论的含义

文件生命周期理论认为文件具有一定的生命周期,现行文件从其产生到最终销毁或永久保管是一个完整的生命运动过程。在这一过程中,由于文件价值形态的变化,又可以划分为若干个阶段。文件在每一个阶段因价值形态的不同,保存场所、管理方式及服务对象也不同。文件的价值形态与其保存场所、管理方式及服务对象之间存在内在的对应关系。

(一)文件从其形成到销毁或永久保存,是一个完整的生命运动过程

文件的产生、流转,办理完毕后归档保存或销毁,最终移交档案馆永久保存的过程是一个前后衔接、连续统一的生命运动过程。

(二)由于文件价值形态的变化,这一生命过程可划分为若干阶段

文件的生命运动具有阶段性特征,从文件价值形态的变化出发,中外档案界一般将文件生命运动的生命阶段划分为现行阶段、半现行阶段和非现行阶段三个阶段。

(三)文件在每一个阶段因其具有不同的价值形态,而体现为不同的服务对象、保存场所和管理方式

现行阶段的文件具有现行效用,处于机关文件的流转过程中,等文件

承办完毕以后,则需要根据其价值大小决定是否归档保存或销毁。归档保存的文件进入半现行阶段,这一阶段的文件对本机关具有一定参考作用,保存在本机关档案室或文件中心,主要为本机关服务,具有过渡性。文件在机关档案室或文件中心保存若干时期以后,经过鉴定,将其中具有永久保存价值的文件移交档案馆。进入档案馆永久保存的文件进入非现行阶段,非现行阶段的文件对形成机关已经丧失了最初的原始价值,而主要体现为对整个社会的价值。

文件在历经三个阶段的生命运动过程中,其对本机关的原始价值(对本机关的行政、财务、法律等价值)和对本机关之外的其他利用者的档案价值(证据价值和情报价值)出现了此消彼长的变化。在现行阶段,文件主要发挥对机关的现行效用,在机关部门间流转,直到办理完毕,文件主要体现为原始价值;在半现行阶段,部分文件最初仍然具有较高的原始价值,但随着时间的推移,原始价值逐渐衰减,部分文件的档案价值开始逐渐显现;在非现行阶段,文件的原始价值丧失而档案价值突出,文件为社会各界服务。随着文件原始价值的削减和档案价值的增加,文件的保管场所对应地发生了变化,从机关内部到文件中心(或档案室),最终移交到档案馆。文件的服务对象也逐渐由内向外,同时,服务方式经历了一个从封闭到开放的过程。

二、文件生命周期理论的产生和发展

(一)文件生命周期理论的产生

"文件生命周期"是一个动态的概念,它描述了文件从产生到最终销毁或进馆永久保存的整个生命运动过程。20世纪40~50年代文件中心的出现是文件生命周期理论产生的直接原因,文件中心首先由美国建立,其作用是集中保存大量的已经过了现行期,不经常使用但又未到移交档案馆期限的半现行文件,造价低廉而又方便实用,因此备受欢迎。

文件运动的"三阶段论"即现行阶段、暂时保存阶段和永久保存阶段,这三个阶段正好与文件的保管场所办公室、文件中心和档案馆是相吻合和对应的。相关学者也深入探讨了文件价值属性与运动阶段、保管场所和管理方式之间的关系,强调文件生命周期理论不仅是为文件中心提供理论基础,而且是为了发现文件的阶段运动规律。此后,欧美档案学者不再拘泥于将文件生命周期理论仅仅理解为文件中心的理论基础,而是扩展到对整个文件过程的运动规律的研究,为文件的全程管理和各阶段的管理提供了有力的理论依据。

(二)文件生命周期理论在电子文件时代的修正和补充——文件连续体理论

中外档案界对于文件生命周期理论所描述的文件生命周期的阶段划分和顺序运动规律是否完全适用于电子文件提出了质疑。他们认为,电子文件运动的阶段性特点发生了变化,在各阶段,电子文件的价值形态与相关因素的对应关系也发生了变化。传统文件的运动阶段大多是顺序向前的,由一个阶段转入下一个阶段,但电子文件在特殊情况下可能会作逆向运动。传统文件运动阶段之间的界限分明,容易划分,但电子文件往往可能同时处于不同的运动阶段,难以划分各阶段的界限。而且,传统文件在各阶段的价值形态与保管场所、服务对象等相关因素的对应关系不再适用于电子文件。由于对技术、设备和系统的依赖性,以及信息内容与特定载体的可分离性,电子文件的价值形态可能无法保持与保管场所绝对对应。

面对电子文件的挑战,澳大利亚档案学者提出了"文件连续体"理论(Theory of Records Continuum)。其核心思想在于强调文件生命运动的整体性和连续性,并将文件保管形式与业务活动和业务环境联系在一起。文件连续体思想最初萌生于20世纪50年代,基本形成于20世纪80年代,至20世纪90年代,档案学者弗兰克·厄普沃德提出了文件连续体管理模式和思想方法。他构造了一个多维坐标体系来描述文件的运动过程。这一坐标体系包括四个坐标轴文件保管形式轴、证据轴、业务活动(事务处理)轴和形成者(来源)轴。其中,文件保管形式轴是核心,它的变化带动了其他坐标轴的相应变化。文件保管的形式决定了文件的其他要素,文件保管形式轴上文件保管形式由单份文件到案卷、全宗的变化而带动了其形成者、业务活动和价值的变化。文件连续体理论的四"维""文件的形成""文件的捕获""文件的组织""文件的聚合"则以时间为基础,体现了文件保管各个要素的联合和互动。

文件连续体理论产生的基础是电子文件管理的实践,它是对文件生命周期理论的补充和发展。文件连续体理论的创新之处在于:

1. 研究视角独特。它强调的是文件保管形式的变化对文件其他要素的影响,描述了文件从最小的保管单位到最大保管单位的运动过程和规律性。

2. 研究方法新颖。采用一个多维坐标轴体系来描述文件的运动过程,将文件运动纳入一个立体、多元的环境之中,考察文件保管形式与价值形态、业务活动及形成者之间的互动关系。

3. 研究的基础在于将文件运动视为一个连续的过程,强化了文档管理的关联性和文件管理的全过程性,更加符合电子文件运动的自身特点。

三、文件生命周期理论的理论价值

文件生命周期理论对于传统档案管理的理论指导意义是不言而喻的,它从理论上科学地阐释了文件中心存在的合理性,奠定了文件的分阶段管理以及文件的全过程管理的理论基础。对于电子文件管理而言,文件生命周期理论虽然在一些细节问题上存在一定的不足,但仍然具有宏观上的理论指导价值。这是因为,文件生命周期理论是对文件运动规律的客观描述,电子文件具有文件的基本属性,它在载体形式和生成环境方面虽然具有特殊性,但仍然要历经从产生到销毁或永久保存的整个生命周期,电子文件的运动仍然具有一定的阶段性,只不过各阶段的界限模糊,运动特点发生了变化,此外,电子文件的价值形态与相关因素的对应关系虽然已经弱化,但并不是绝对消失。文件连续体理论修正和发展了文件生命周期理论的某些细节,使其适用于电子文件的管理。

关于文件生命周期理论与文件连续体理论的关系众说纷纭。但有一点可以肯定,文件生命周期理论是文件连续体理论产生的基础和源泉,后者是对前者的修正和发展。在电子文件时代,文件生命周期理论的某些细节可能需要补充和修改,但仍然具有十分广泛的理论指导意义。

第三章 档案管理工作的内容

随着社会经济的发展,人们的活动也愈加频繁,致使信息的形式也变得越来越复杂。信息变得复杂,相应就会增加档案的管理难度。本章围绕档案的收集与整理、档案的检索与编研、档案的鉴定与保管、档案的利用与统计展开论述。

第一节 档案的收集与整理

一、档案收集概述

档案收集工作是指按照国家有关规定、制度和方法,将分散在各单位或各单位内部机构和个人手中的档案以及散失在国内外的档案,有计划地分别集中到有关档案室和各级各类档案馆,实行集中统一管理。档案收集工作的内容,可以分为两个部分,即档案室的档案收集工作和档案馆的档案收集工作。档案室的收集工作主要是指档案室对本单位需要归档的文件材料的接收。

档案收集工作的基本要求是:丰富和优化馆(室)藏,加强馆(室)外调查和指导,积极推行入馆(室)档案的标准化,保持全宗和全宗群的完整性。丰富和优化馆(室)藏是档案收集工作首先必须树立的指导思想。

丰富和优化馆(室)藏具体是指:①数量充分,就是要求各级各类档案馆(室)尽可能地收集和补充档案的数量;②质量优化,就是要求收存的档案达到一定的质量标准,具有重要的价值;③成分充实,就是要求档案部门在收集时要顾及档案的不同种类、不同载体、不同来源和不同内容等多种因素;④结构合理,就是在档案的来源和内容等方面的合理配置,各种档案门类要齐全,对照片、音像、电子档案以及实物等均应纳入收集范围。

二、档案室的收集工作

(一)档案室档案收集的范围

机关、企事业单位档案室档案的收集范围主要包括:本单位工作活动中形成的各种门类和载体的全部档案,这是档案室收集档案的主要来源;与本单位业务工作有关的资料;代管与本单位有关的撤销或合并机构的档案等三个方面。

(二)档案室档案的归档制度

1. 归档制度的必要性分析

各单位在工作活动中产生的文件材料办理完毕后,不得由承办部门或个人分散保存,必须由文书部门或业务部门系统整理,定期移交给本单位档案室集中管理,这就是归档。在我国,归档是党和国家明文规定的一项制度,并且以法律的形式固定下来,这就是通常所说的归档制度。归档制度是档案室收集工作的重要内容和最基础的工作,建立健全归档制度能够确保档案室档案来源的连续性,为国家积累档案财富提供重要保证。

2. 归档制度的主要内容

归档制度包括归档范围、归档时间、归档要求和归档手续等内容。

(1)归档范围

归档范围是指一个单位产生的所有文件中需要归档的部分。根据国家规定,凡是反映本单位工作活动、具有查考利用价值的各种形式和载体的文件材料均属归档范围。

(2)归档时间

归档时间是指文书处理部门或业务部门将需要归档的文件材料向档案室移交的时间。

一般来说,有实时归档和定期归档两种。实时归档适用于机密性强的科技文件材料和外来材料(外购设备的随机图纸、文字说明,委托外单位设计的文件材料等)。定期归档又分为下面几种情况。

第一,按项目结束时间归档。它适用于形成周期不长的科技文件材料,如专业性技术会议、学术会议的文件材料,一般应在会议结束后及时整理归档。

第二,按子项目结束时间归档。它适用于大型项目或研究课题,其设计、施工和研制周期较长,且每个项目往往由若干子项目组成,这些子项目各自相对独立,工作进展往往不一致,分别归档有利于整个项目的正常进行。

第三,按工作阶段归档。它适用于活动周期较长的科技、生产项目形成的文件材料,如按可行性研究阶段、初步设计阶段、施工图或工作图设计阶段分别进行归档。

第四,按年度归档。它适用于活动和形成周期较长,依年度比按阶段归档更适合的科技项目形成的文件、某些自然观测活动中形成的科技文件、应作为科技档案保存备查的科技管理性文件材料。

(3)归档要求

归档要求具体有以下几个方面:第一,归档的文件要齐全、完整,即归档文件材料应做到种类齐全、份数完整,每份文件不缺张少页。第二,归档文件要系统条理,归档文件材料要按不同特征结合不同保管期限进行整理,组成一个具有内在联系、能够反映单位活动的基本面貌,便于保管和利用的保管单位。保管单位可以是单份文件,也可以是案卷。第三,归档文件要进行基本的编目,要依次编定页号或件号。以卷为单位,则需逐件填写卷内文件目录和卷末备考表。案卷装订后,按规定逐项准确填写案卷封面,并对案卷进行排序,编制案卷移交目录并且一式两份。

(4)归档手续

归档手续是指文书部门或业务部门在向档案室移交档案时应履行的手续。档案交接双方应当根据档案移交目录清点核对,确认无误后,方可履行签字手续。移交目录一般一式两份,交接双方各存一份。

(三)档案室档案归档的组织与检查

1. 对文件的形成与积累应进行督促和指导

档案室有责任对文书处理工作制度、文件的用纸、书写格式和书写材料等方面存在的问题,向领导和业务部门反映情况,提出意见和建议,力求自上而下明确有关规章制度,对文件的形成建立有效的保障机制,以保证归档文件的完整。档案室的工作人员不仅要通过推行归档制度将已经形成的文件收集齐全,而且要督促和指导文书部门或业务部门文件的形成与办理过程中的各种情况。

2. 指导、协助文书部门或业务部门做好归档工作

档案室应指导、协助文书部门或业务部门做好文件材料归档前的准备工作:

(1)协助选择正确的归档部门。选择归档部门即归档工作放在单位内哪一级机构,由谁负责归档。一般来讲,归档工作应与文件工作的组织形式相适应。

(2)划定科学的归档范围。为了避免重复归档和防止遗漏文件,档案室还必须协助文书处理部门划定科学的归档范围,明确单位和单位之间,单位内部机构之间的分工,特别对于分散归档的单位,一定要确定各部门归档范围,做到分工明确。

(3)协助编制归档类目。归档类目又称为"预归档",是在文件尚未形成之前,事先编制的归档计划。归档类目通常是由文件形成部门、单位档案室、文件承办人员和秘书部门共同在当年年初或上半年,按照归档的要求和方法及预计可能产生的文件种类而拟制得详细而具体的归档工作方案。

3. 对档案质量进行检查

文书部门或业务部门整理结束后,档案室应全面检查预归档文件的整体质量,如应当归档的文件数量和种类是否收集齐全,内容是否全面反映单位的主要工作活动,保管期限是否划分准确,编制的目录是否符合国家有关标准和要求。

(四)档案室的平时收集工作

平时收集是指档案室在执行归档制度之外对零散文件的收集。

1. "账外"文件的收集

"账外"文件是指未经单位文书部门登记入账,在收、发文登记簿上无"账"可查的文件。"账外"文件主要有:本单位召开的各种会议文件材料;

本单位领导和业务人员外出开会或参观学习考察等活动中获取的文件材料;外单位直接寄发给领导"亲启"的文件或直接给部门和有关人员的文件材料;本单位内部各种规章制度、统计数字材料等。

2. 专业文件的收集

专业文件是指在各项专业活动中形成的文件和特殊载体的文件材料。档案室在重视对文书档案、科技档案收集的同时,还应重视对各种专业文件的收集;在重视对纸质文件收集的同时,还应健全归档制度,重视对音像等其他载体文件的收集,确保档案室保存的文件门类齐全。

3. 零散文件的收集

零散文件的形成原因主要有两个方面:一是某些单位由于归档制度未建立或归档制度执行不严,致使文件材料分散保存在内部机构、领导或业务人员手中,特别是未经收发室登记的文件和某些内部文件;二是由于机构调整、人员变动或发生搬迁、灾害等特殊情形,使归档文件不齐全、不完整。

三、档案馆的收集工作

(一)档案馆档案的接收要求及期限

1. 档案馆档案的接收要求

为保证接收工作的顺利进行,档案馆在接收档案时,一般应符合如下要求。

一是档案收集完整。进馆档案应按全宗整理,保持全宗的完整性。一个全宗范围内文书档案、科技档案、音像档案和实物等各种门类和载体的档案应作为一个整体,统一移交给一个档案馆。

二是限制利用意见明确。对自己形成日期满30年仍能对外开放的档案,各有关单位应在移交时提出明确的控制利用意见。政府信息公开部门应对移交档案中涉及政府信息的,书面告知其原有公开属性。

三是档案整理编目规范。档案由有关单位收集齐全、并按规定进行系统整理。

四是档案检索工具齐全。接收立档单位档案的同时,应将其编制的组织沿革、全宗介绍、案卷目录等有关检索工具以及与全宗相关的各种资料一并接收。

五是清点核对手续完备。档案移交时,交接双方必须根据移交目录清点核对无误,并在交接文件上签字盖章,一式两份分别由双方单位保存。

2. 档案馆档案的接收期限

为了保证国家档案馆馆藏档案有稳定而可靠的来源,同时也为保证国家档案得到安全保管和有效利用,各机关、团体、企事业单位和其他组织,应当按规定定期向国家档案馆移交档案。

原则上,立档单位必须按规定无条件地将应当进馆的档案定期向国家档案馆移交,各专业主管部门无权在档案定期移交问题上再自行制定与《中华人民共和国档案法》及其《实施办法》不一致的规定和办法。但对于专业性较强或者需要保密的档案,立档单位经同级档案行政管理部门检查和同意,可以延长向有关档案馆移交的期限。对于已撤销单位的档案或者由于保管条件恶劣可能导致不安全或者严重损毁的档案,可以提前向有关档案馆移交。列入综合档案馆收集范围,依法可以随时向社会开放的档案,可以提前向综合档案馆移交。

(二)档案馆档案收集的主要方式

一般而言,档案馆对档案的收集方式主要有两种:逐年接收和定期接收。逐年接收即每年接收一次档案,定期接收就是每隔一定时期(3年、5年)接收一次。

但是,档案馆对科技档案的收集方式有所不同,实行相关单位主送制和科技档案的补送制。

1. 相关单位主送制。对于普通文书档案而言,应按要求将其中具有永久和长期保存价值的所有档案都移交进馆。科技档案则不采取这种普遍接收进馆的制度,而是实行相关单位主送制,即对不同种类及不同项目的科技档案,按照国家有关规定,分别确定报送单位,主送单位报送档案中的不足部分由其他有关单位补充移交。

2. 科技档案补送制。建立补送制的目的,是为了及时反映进馆档案所涉及的科技、生产项目的发展、变化情况,保持馆藏科技档案的完整性和准确性。例如,进馆档案所反映的基建项目进行重大改建、扩建,产品改型、换代等,在这些情况下,原移交单位要向档案馆补送相关的科技档案。

3.协作项目科技档案的收集。任何一个科技协作项目,都有主持单位和参加单位,参加单位可能很多,但主持单位一般只有一个,因此,要以主持单位为收集主渠道,负责协作项目科技档案的归档和移交工作。具体做法是:各参加单位负责将各自承担任务中形成的科技文件材料收集齐全,经鉴别整理,按一定手续移交给主持单位;由主持单位将该项目中形成的全部科技文件材料进行系统的整理,统一向科技专业档案馆移交。当本单位只是该协作项目的参加单位时,应将有关参与部分的科技文件材料按要求整理归档,如需要收集该档案,可向主持单位提出要求,以复制件形式进行收集。

(三)机构发生变动时档案的接收

近年来,随着经济、文化等组织机构和体制的改革,以及行政区划变动等原因,不少机构发生变动。机关、国有企事业单位一旦撤销或发生变动,各档案部门应按照相关规定对档案做好妥善处理。

(四)社会散存档案的收集

社会散存档案是指国家机构、社会组织和个人在历史上形成的、对国家和社会有保存价值的、尚在法定档案保管机构之外保存的档案。

四、档案整理

(一)档案整理工作的程序

档案整理工作,是指按照一定的原则对档案实体进行分类、组合、排列与编目,使之系统化的过程。

档案整理工作从性质上可分为系统化和编目两个部分,具体包括:区分全宗、全宗内档案分类、类内文件组合、案卷排列与编目。

档案整理工作的程序如下:

1.系统排列和编目。在正常情况下,档案室接收的是文书部门和业务部门按照归档要求组合好的文件材料,而档案馆接收的是各个单位档案室按照进馆规范系统整理的档案。因此,对于档案室和档案馆来讲,档案整理工作只是在更大范围内对接收进来的档案做进一步调整。

2. 局部调整。档案馆(室)在日常管理工作中,要定期对所藏档案进行检查,发现明显不符合要求、确实影响保管和利用的档案,档案馆(室)有责任对不合理的整理状况进行局部的调整。

3. 全过程整理。档案馆(室)在收集档案过程中,由于种种原因,其中有些档案没有经过系统的整理,处于零乱状态,这就必须进行从全宗划分、组合、排列和编目的全过程整理工作。

(二)档案整理工作的基本原则

档案整理工作应遵循保持文件之间的历史联系,充分利用原有基础,便于档案的保管和利用的原则。

文件之间的历史联系是指文件在产生和处理过程中所形成的联系,主要表现为文件在来源、时间、内容和形式等方面的联系。

充分利用原有基础,就是对已经整理的档案,只要有规可循、有目可查,应力求保持原先的整理结果和体系,不要轻易否定、随意重整。一般而言包含三种情形:在原有整理结果基本可用的情况下,维持原先整理状况不变,同时通过编制必要的检索工具来弥补其中的缺陷;某些整理结果明显不合理,可仔细研究,尽量在原来整理的体系内作局部调整;原有基础确实问题突出,严重影响了保管和利用,可以重新整理,但也应当尽可能吸收或保留其中的可取之处,包括原有的时间等标记。

便于保管和利用是档案整理工作的基本出发点和根本目的。在档案整理过程中,必须始终考虑是否便于保管和利用。

五、全宗

(一)全宗与立档单位

全宗是一个国家机构、社会组织或个人在社会活动中形成的具有有机联系的档案整体。一个全宗,反映了一个单位或个人活动的全过程。同时,全宗也是档案馆(室)对档案进行科学管理的基本单位。

1. 立档单位认知

立档单位，就是全宗构成者。社会上每一个独立的单位或个人，在行使其职能活动的过程中势必会形成一定的档案，这个单位或个人的所有档案之间具有一定的联系，这样一个档案的整体为全宗，而形成这些档案整体的单位或个人，就称为"全宗构成者"，又称"立档单位"。

2. 全宗的立档单位

全宗按其形成的单位和内容性质，可以分为组织全宗和人物全宗，相应形成全宗的立档单位也有两类，即机关、团体、企事业单位和个人。

(1) 组织全宗

由于各单位的实际情况相对比较复杂，判定哪些单位是立档单位，哪些单位的档案能够构成一个独立全宗，其主要标志是看这几个条件：可以独立地行使职权，并能主要以自己的名义对外单独行文；有专门的管理人事的机构或人员，并有一定的人事任免权；有独立的预决算，有单独管理财务的机构或会计人员。这三个条件是相互联系、相互制约的。在实际应用时，应以判定能否独立行使职权为中心，全面地分析研究有关单位职权的法规性、领导性文件和实际活动，合理判定立档单位。

(2) 人物全宗

人物全宗又称"个人全宗"。一般是指对社会有突出贡献或重要影响的个人在其生活中形成的档案整体。历史上一些著名的家庭、家族所形成的档案，也属于人物全宗的类型，形成人物全宗的个人、家庭、家族，也是立档单位。

个人全宗内的文件材料应包括：该个人自己形成的有关文件材料，如著作的原稿、手稿、书信、日记、笔记、遗书、遗嘱；有关人士撰写与收集与该个人有关的文件材料，如回忆录的手稿与印本，该个人的录音带、录像带、照片、签字材料；该个人的亲属，特别是直系亲属形成的，能够说明立档单位历史情况的文件材料。

这些人物大多在某个单位担任过一定的职务，在具体处理个人档案与公务档案的归属时，要慎重处理，应分清各自的重点，尽可能避免两种档案的交叉。个人在从事各种公务活动中所形成的文件材料,一般不应收入人物全宗,而应当作为有关组织全宗的一个组成部分。

3.全宗的补充形式

全宗主要分为常规全宗和特殊形式的全宗两种类型。常规全宗即一般情况下的独立全宗。在难以区分或不便区分独立全宗的情况下,则采取全宗的特殊形式,即补充形式。全宗的特殊形式主要分为联合全宗、全宗汇集和档案汇集等三种。其中,独立全宗只有一个立档单位,是大量存在的,而全宗的补充形式一般都有两个以上的立档单位。

(1)联合全宗。在某些特殊情况下,若干互有联系的独立单位形成的档案,因难以区分而作为一个全宗统一的管理,这就是联合全宗。它通常在以下两种情况下出现:一是前后有密切继承关系的机关,由于工作联系紧密,各自形成的文件已经混杂在一起,成为档案"连体",难以分开;二是合署办公或职能联系紧密的单位,彼此的文件混杂在一起,无法区分。在这两种情况下,可以把这两个或两个以上立档单位形成的档案组合为一个全宗进行管理。联合全宗虽然是由两个以上立档单位形成的,但它们的档案则被看作同一个全宗内的档案,编一个全宗号,按一个全宗整理和保管,全宗名称应列出联合的立档单位名称。

(2)全宗汇集。全宗汇集又称汇集全宗,是指若干个性质相近、档案数量极少的独立全宗,因管理不便而按一定特征组合起来的管理形式,具体有两种形式:一种是档案馆接收的若干基层单位的全宗,由于形成档案数量不多,而组合在一起的集合体;一种是由于一些全宗内的档案残缺不全且数量少,从而构成的小全宗集合体,如历史档案。在具体采用这种形式时必须注意,由于全宗汇集是一种人为的行为,所以立档单位的工作性质必须是相近的或具有某种历史联系;汇集全宗在管理中虽然作为一个全宗对待,只给一个全宗号,但内部的档案分类及排列,必须按不同的立档单位相互区别开,不能混淆,便于以后发现其中某一全宗的大量档案时,可以从全宗汇集中分离出来,建立单独全宗。全宗名称可以用一个概括性的名称。

(3)档案汇集。档案汇集,是由若干所属全宗不明的,或所属全宗不复存在的零散的档案汇集而成的一种全宗补充形式。档案汇集的形成原因是档案不知所属全宗,但只要考证出档案所属全宗,就随时可以将该份档案文件回归所属全宗。

全宗的补充形式具有较大的人为性,在实际工作中不能随意乱用,只有在不能使用独立全宗的管理模式时才使用。但是,一经采用,就必须在管理上与其他全宗同等看待,即编一个全宗号、统一排列、统一管理。

(二)立档单位与全宗历史考证

立档单位与全宗历史考证,是一种对立档单位及其档案基本情况进行反映和说明的文字材料。一般由"立档单位沿革"和"全宗状况"两部分组成。

1. 立档单位沿革

立档单位沿革一般包括:立档单位成立的时间和原因,立档单位的名称及变化;立档单位的基本性质、职能、职权范围,隶属关系及变化;立档单位的主要活动情况,如活动地点、内容;历届主要领导及内部组织机构主要负责人的姓名与任期、内部机构设置及演变;文书工作制度及其变化情况,文书工作中使用的各种公章及文书处理戳记等;立档单位撤销的时间、原因,继承或兼并单位的名称。

2. 全宗状况

(1)全宗现状。全宗现状包括档案的来源、内容和载体的概况,档案的数量及所属的年代,档案的利用价值,进馆后档案的整理鉴定、利用情况等。

(2)全宗的历史状况。全宗的历史状况包括档案进馆(室)前的保管单位和保管条件,档案馆(室)接收档案的时间和原因,该全宗档案过去是否经过整理、鉴定,档案是否曾受损或被销毁等。

这些内容以文字表述为主,必要时可采用图表结合文字的方式,如领导姓名一览表,内部组织机构设置与关系图。立档单位和全宗历史考证,一般由档案室负责撰写,整理过程中不断修改补充,全宗整理结束后,存入"全宗卷"内,在档案移交档案馆时一同移交。

第二节　档案的检索与编研

一、档案的检索

(一)档案检索工作的主要内容

档案检索是指对档案信息进行加工和存储,并根据需要进行查找的工作。它是档案提供利用工作的基础和前提条件,是开发档案信息资源的必要条件。

档案检索包括档案信息存储和检查两方面的工作内容。档案信息存储是将档案中具有检索意义的特征标识出来,加以编排,形成检索工具或档案信息数据库的过程;档案信息检查是指利用档案检索工具或数据库搜取所需档案的过程。这两方面工作内容密切联系、不可分割,存储是检查的基础和前提,检查则是存储的目的。

1. 档案信息存储工作的主要内容

第一,著录标引即对档案的内容和形式特征进行分析、选择和记录,将反映该件(卷)档案主题的概念借助检索语言转换成规范化的检索标识。对每件(卷)档案著录标引后形成的一条记录称为一个条目。

第二,编制检索工具即对著录标引后形成的条目加以系统排列,组成各种检索工具或输入计算机,建立机读目录和数据库。

2. 档案信息检查工作的主要内容

第一,确定查找内容即对利用者的检索要求和范围进行分析,确定利用者所需档案的实质内容,形成概念,有时也可将这些概念借助检索语言转换成规范化的检索标识。在计算机检索中还应按实际需要把这些检索标识之间的逻辑关系表达出来,形成检索表达式。

第二,具体查找即档案人员采用各种手段把表示利用者需求的检索标识与检索工具中的检索标识进行对照比较,将符合利用者要求的条目查找出来。

(二)档案著录

档案著录是档案馆(室)编制档案检索工具时,对每份文件、每个案卷的内容和形式特征进行分析、选择和记录的过程。所谓内容特征,是指对文件或案卷主题的揭示,包括档案的题名、主题词、分类号等;所谓形式特征,是指文件或案卷的实体形式、文字表述形式、载体形态及文件的时间、责任者等有关特征。

档案著录所遵循的方法称为著录规则。档案著录规则是在编制档案目录时,对档案的内容和形式特征进行描述以形成条目的技术规定。《档案著录规则》规定了单份或一组文件、一个或一组案卷的著录项目、著录格式、标识符号、著录用文字、著录信息源及著录项目细则。

1. 著录项目

著录项目是揭示档案内容和形式特征的记录事项。根据国家档案局颁布的《档案著录规则》的规定,需著录以下项目。

档案著录项目共分七项,每项分若干著录单元(小项)。其中有"*"号者为选择著录项目或单元(小项)。

(1)题名与责任说明项:正题名、并列题名*、副题名及说明题名文字*、文件编号*、责任者和附件*。

(2)稿本与文种项:稿本*和文种*。

(3)密级与保管期限项:密级*和保管期限*。

(4)时间项。

(5)载体形态项:载体类型*、数量及单位*和规格*。

(6)附注与提要项:附注*和提要*。

(7)排检与编号项:分类号、档案馆代号*、档号、电子文档号、缩微号和主题词或关键词。

2. 著录用标识符

(1)为识别各著录项

单元(小项)及其内容添加如下规定的标识符。

①"—"置于下列各著录项目之前

稿本与文种项、密级与保管期限项、时间项、载体形态项、附注项。

"＝"置于并列题名之前。

"："置于下列各著录单元之前。

副题名及说明题名文字、文件编号、文种、保管期限、数量及单位、规格。

"/"置于第一个责任者之前。

"＋"置于每一个附件之前。

"[ ]"置于下列著录内容的两端。

自拟著录内容、文件编号中的年度、责任者省略时的"等"字。

"( )"置于下列著录内容的两端：

责任者所属机构名称、责任者真实姓名、责任者职责或身份、外国责任者国别及姓名原文、中国责任者时代、历史档案中的朝代纪年、农历、地支代月、韵目代日转换后的公元纪年。

"？"用于不能确定的著录内容，一般与"[ ]"号配合使用。

②"—"用于下列著录内容之间

日期起止和档号、电子文档号、缩微号各层次之间。

"……"用于节略内容。

"□"用于每一个残缺文字和未考证出时间的每一数字。未考证出的责任者及难以计数的残缺文字用三个"□"号。

(2)著录用标识符使用说明

①除"题名与责任说明项、排检与编号项"外，各项目连续著录时，其前均冠". —"。如需回行，不可省略该标识符。但各项目另起段落著录时则可省略该标识符。

②". —"符占两格，在回行时不应拆开；";"和","各占一格，前后均不再空格。

③如某个项目缺少第一个单元(小项)时，应将现位于首位的单元原规定的标识符改为". —"。

④凡重复著录一个项目或单元时,其标识符也需重复。

⑤不著录的项目或单元,其标识符应连同该项目或单元一并省略。

3.著录的条目格式

(1)段落符号式条目格式。分类号档案馆代号段落符号式条目格式将著录项目划分为四个段落。第一段落中分类号、档号分别置于条目左上角的第一、二行,档案馆代号、缩微号分别置于条目右上角第一、二行,电子文档号置于第二行的中间位置。第二段落从第三行与档号齐头处依次著录题名与责任说明项、稿本与文种项、密级与保管期限项、时间项、载体形态项、附注项,回行时,齐头著录。第三段落另起一行空两格著录提要,回行时与一、二段落对齐。

(2)表格式条目格式要求:实际工作需要使用表格式条目时,其著录项目应与段落符号式条目相同,其排列顺序可参照段落符号式条目的排列顺序。

(3)无论著录对象为单份文件、单个案卷还是一组文件或一组案卷,均按上述格式依次著录。

(4)著录条目的形式为卡片式时,卡片尺寸一般为 12.5cm×7.5cm,著录时卡片四周均应留 1cm 的空隙,如卡片正面著录不完,可接背面连续著录。

4.著录用文字要求

(1)著录用文字必须规范化。

(2)汉字应使用规范化的简化汉字。外文与少数民族文字应依照其文字规则书写。

(3)文件编号项、时间项、载体形态项、排检与编号项中的数字应使用阿拉伯数字。

(4)图形及符号应照录,无法照录的可改为其他形式的相应内容,并加"[ ]"号。

5.著录信息源要求

(1)著录信息来源于被著录的档案。

(2)单份或一组文件著录时主要依据文头、文尾。

(3)一个或一组案卷著录时主要依据案卷封面、卷内文件目录、备考表等。

(4)被著录档案本身信息不足时,可参考其他相关的档案资料。

(三)档案标引

档案标引是指对文件或案卷进行主题分析,把自然语言转换成规范化检索语言的过程,即对主题分析的结果给予检索标识的过程。基于文件或案卷以分类号标识的过程称为分类标引;基于文件或案卷以主题词标识的过程称为主题标引。

1. 主题标引

为保证档案主题标引的准确性和一致性,提高标引工作的质量和检索效率,国家特制定档案主题标引规则这项国家标准,本标准规定了档案主题分析方法和依据《中国档案主题词表》及各种专业档案主题词表进行档案主题词标引的方法。

(1)主题分析。

主题分析是主题标引的基础,通过对档案的内容特征进行分析,准确提炼和选定主题概念。

①审读档案。通过审读档案,了解和判断档案所反映的中心内容和其他主观因素。

阅读题名:文件和案卷的题名是对档案内容的概括。在题名准确反映档案中心内容的情况下,阅读题名是分析、提炼主题的一条捷径,但题名不能作为提炼主题概念唯一的依据。

浏览全文:在档案无题名或题名不能全面、准确地反映档案主题时应浏览全文。浏览全文应注重了解题名未能反映的主题和深层次主题,发掘隐含主题。浏览全文重点是阅读全文的开头、结束语、段落题名,必要时阅读批语、摘要、简介、目次、图表、备考表等内容。

②确定主题类型。主题的类型可以分为单主题和多主题两种。单主题包括单元主题和复合主题(即多元主题),多主题则由几个单主题组成。

③分析主题结构。任何主题都是由一定的主题因素构成的。构成主题的因素一般可以分解为：主体因素、通用因素、位置因素、时间因素、文种因素。主题因素分为五种：主体因素（即反映文件主题内容的关键性概念）、通用因素（即对主体因素起补充和限定作用的通用概念）、位置因素（即文件所记述对象的空间和地理位置概念）、时间因素（即文件所论述对象存在的时间概念）、文件类型因素（即文件类型和形式方面的概念）。

在档案标引中，主体因素是最重要的，必须标出，其他因素酌情标引。

④主题概念的选定。在审读档案题名或全文的基础上，提炼选定出一个或若干个表达档案主题的自然语言主题概念。选定主题概念的原则如下。

第一，选定的主题概念应是档案中论述的问题。

第二，选定的主题概念应具有实际检索意义。

第三，选定的主题概念应能全面、准确地表达档案主题。

(2)选词标引。

选词标引是对档案主题分析出的概念给予主题词标识的过程。

①在主题分析中选出的主题概念，应转化成档案主题词表中的主题词（正式主题词）进行标引，书写形式应与词表中的词形相一致，非正式主题词不能作为标引词使用。

②标引词应选用档案主题词表中与档案主题概念直接相对应的、专指的主题词。

③当词表中没有与档案主题概念直接相对应的专指主题词时，应选用两个或两个以上的主题词进行组配标引。

第一，组配应是概念组配。概念组配包括以下两种类型：一种是交叉组配，即同级词组配，指用两个或两个以上具有概念交叉关系的同级主题词组配表达其相应的下位概念；另一种是方面组配，即限定组配，指由一个表示事物的主题词，与另外一个或几个表示事物某种属性或某个方面的主题词组配表达相应的下位概念。

第二，组配标引时，优先考虑交叉组配，然后考虑方面组配。

第三，应选用与档案主题概念关系最密切、最临近的主题词进行组配，不能越级组配，即不能用其上位或下位主题词组配。

第四，组配结果所表达的概念应清楚、确切，只能表达一个主题概念。

第五，为了避免多主题虚假组配造成误检，可以加联系符号区分每个问题。其做法是：在主题词后用数字 1.2.3.……表示分组符号，数字相同的主题词是一组相关联的组配概念。数字中的"0"，称为共同联号，表示该主题词可以和该档案中标引的任何一个主题词进行组配。

第六，当某一主题概念在词表中有组代主题词（先组复合词）时，应选用规定的组代主题词，不应另选其他主题词进行组配标引。

④当某一主题概念在词表中查不到专指的主题词，也无法通过组配标引来表达该主题概念时，可以采用靠词标引。靠词标引有以下两种：

第一，用上位概念主题词进行靠词标引。依据索引选用最直接的上位概念主题词进行标引，不应使用越级上位主题词标引。

第二，用近义词进行靠词标引。依据范畴索引选用与主题概念含义最相近的主题词进行标引。

⑤关键词标引又称增词标引。关键词是主题词表以外的、未经规范化处理的自然语言词。使用关键词标引应严格控制。

第一，下述情况可以采用关键词标引：一是某些概念采用组配其结果出现多义时；二是某些概念虽可以采用靠词标引，但当这些概念的被标引频率较高时；三是词表中明显漏选的词，包括词表中未收录的地名、人名、机构名、产品名等专有名称；四是表达新生事物的词。

第二，关键词应尽可能选自其他词表或较权威的参考书、工具书，选用的关键词应达到词形简练、概念明确，实用性强。

第三，使用关键词标引后，应有记录，并反馈到所用档案主题词表的管理部门。

⑥一个标引对象，标引用词一般有 2~10 个。

2.分类标引

为了正确进行档案分类标引，选用恰当的标识表达档案文献的主题，保证档案分类标引的质量,提高检索效果,实现档案资源共享,国家特制定了档案分类标引规则。本规则适用于各级各类档案馆(室)使用《中国档案分类法》对所藏各种类型的档案进行分类标引。

(1)分类标引基本规则

①档案分类标引的依据是以国家机构、社会组织从事社会实践活动的职能分工为基础,结合档案记述和反映的事物属性关系,并兼顾档案的其他特征。分类标引时,应对档案文件进行周密的主题分析,把握所论述的对象,准确地给予分类标识。

②档案分类标引应依据《中国档案分类法》及其使用指南。

③档案分类标引时,要正确地理解类目含义和范围,避免脱离类目之间的联系和类目注释的限定片面地理解类目含义。

④档案分类标引应充分考虑实际的检索需求和检索方式,根据档案的具体内容和用途,选定适当的标引深度。凡一份文件或案卷涉及两个或两个以上的主题者,除按第一主题或最重要的主题标出确切的分类号外,必要时可对其他主题附加相应的分类号。

⑤档案分类标引必须按专指性的要求,分入恰当的类目,切不可分入较宽的上位类或较窄的下位类。当分类表中无恰当的类目时,可分为范围较大的类目(上位类)或与档案内容密切相关的类目。

⑥档案分类标引应保持一致性。各种文本、载体类型的同一主题档案所标引的分类号均应一致。遇有某些难以分类和分类表上无恰当类目可归的档案,无论归入上位类或归入与其密切相关的类目,以及增设类目,都应做出记录,以后遇有类似情况,均按此处理。

(2)各种主题档案分类标引规则

如前所述,主题的类型依据档案内容可分为单主题和多主题两种。

①单主题档案的分类标引

单主题文件或案卷,一般依主题主体因素所属的类目标引,若是从一个方面对主题进行论述,就依这方面所属类目标引;若是从多方面对主题进行论述,一般只依主题所属类目作整体标引。

文件或案卷论述的主题内容互相交叉时应依据《中国档案分类法》关于集中与分散的有关规定进行标引。需要、参考价值大小以及各主题间的逻辑关系,加以综合分析,再确定给予一个或几个分类号。

文件、案卷论述的几个主题之间是并列关系,参考价值大,除对第一主题按上述文件或案卷论述的主题涉及国家、地区、民族、时代等因素时,若《中国档案分类法》中注明需要复分则应标出复分号,否则可以省略。

②多主题档案的标引

第一,文件、案卷论述的是两个以上的主题,标引时除应充分考虑利用者的检索属性给予分类号外,第二、第三主题也应按其属性给予分类号,以便充分揭示主题,为利用者提供更多的检索途径。

第二,文件、案卷论述的几个主题之间是从属关系,即上下位关系或整体与部分关系,一般依它们的上位类目作整体标引,若较小主题具有检索价值,也可依小主题的所属类目作互见标引。

第三,文件、案卷论述的几个主题之间是因果或影响关系,一般依结果或受影响的主题所属类目标引。对于互为因果的、互相影响的主题做全面标引。

第四,文件、案卷论述的几个主题之间,一个主题应用于多个主题,一般依被应用主题所属类目标引。必要时可以对其他主题附加相应的分类号。

(3)档案分类标引工作程序

①研读分类法

标引人员在标引工作开始时,应系统研读《中国档案分类法》的编制说明、主表、附表,了解该法的编制目的、适用范围、分类原则、体系结构、标识符号、类目注释,辨清上位类、同位类、下位类、理论与应用等关系,深入透彻地掌握其使用方法。

②档案主题分析

标引人员应充分考虑立档单位的性质、职能和任务,通过分析题名、浏览正文、参考文件版头和案卷封面,从而了解档案的中心内容和涉及的主要问题,判明其属性特征,以便正确归类。

分析题名文件和案卷的题名是责任者或立卷人对档案内容的概括,在题名准确反映档案的中心内容的情况下,分析题名能准确地把握档案的主题。但有些文件、案卷的题名,由于拟写上的缺陷,不能准确地、直接地揭示主题内容,所以不能作为分类标引的唯一依据,还应浏览正文。

浏览正文通过分析题名不能确定档案的确切内容和类别时,应浏览文件、案卷的正文。重点阅读文头、文尾、段落题名,了解作者的撰写的目的和意图,从而确定档案内容论述或涉及的主题。

查阅文件版头和案卷封面,党、政机关行文都有固定的文件版头,标明发文机关的全称或通用简称、发文字号,文尾有发文机关、抄送机关、成文日期、盖印与签署。此外,附加标记有密级、缓急时限、阅读范围等。案卷封面上有机关全称和组织机构名称、案卷题名、年度日期、保管期限、档号及卷内目录、卷末备考表等。它对于了解文件、案卷的主题、起草目的、利用范围、使用价值等,都能提供一定的参考。

③判定类别

进行主题分析后,须确定文件、案卷所论述的事物中,哪些主题应予以标引,能为利用者提供检索途径。然后根据主题性质,到《中国档案分类法》中查找其所属的类目。

④标引分类号

标引分类号是用《中国档案分类法》中的类号来表达档案主题性质的标引过程,也就是将判定的类别赋予分类标识。给予分类号,应根据文件、案卷内容的属性、主题多寡、起草意图、利用对象、检索需求等特点,采用恰当的方式和方法,准确、一致、适度地标引出来。遇到难以分类的新事物、新主题的档案材料,分类表上无确切类目可归时,各档案馆(室)可增设新类目予以分类标引,同时上报《中国档案分类法》编委会确认。今后若遇到同类主题的文件、案卷亦照此办理,确保一致性。

⑤审校

审校是分类标引的最后一道工序,是确保标引质量的最后关口。审校内容包括检查验证档案的内容是否得到全面的分析,主题概念是否准确、恰当,辨类是否准确,同类档案是否归类一致,标引的类号是否充分、完整、准确,书写是否正确无误。

(四)档案检索工具

1. 档案检索工具及其作用表现

档案检索工具是用以揭示档案馆(室)档案的内容和成分,报道和查找档案材料的工具。它是进行档案科学管理和资源开发利用的重要手段。

档案检索工具的基本职能表现在存储和查找两个方面。存储是对文件或案卷的内容和形式特征进行著录和标引,按照一定的格式组织成条目,以一定的顺序加以排列或进行客观的描述,以二次文献或三次文献的形式将档案信息集中起来。查找是指能提供一定的查询手段,在存储好的档案信息集合中找出利用者需要的档案材料。

档案检索工具的具体作用表现在以下几个方面。

第一,档案检索工具是揭示档案馆(室)藏和利用档案的重要手段。档案检索工具对已入馆(室)档案的信息进行加工和形态上的转换,便于人们从数量庞大的档案中,及时、准确地提取和输出所需要的档案信息。

第二,档案检索工具是开展档案业务工作必不可少的工具。档案检索工具记录了档案重要的内容和形式特征,档案人员可以通过它概要了解馆(室)藏档案的内容、形式、数量等情况,为档案业务工作提供了一定的依据。

第三,档案检索工具是报道馆藏和馆际交流的重要工具。档案检索工具存储了大量档案信息,它不仅可以提供查询,同时也可以成为档案馆(室)与利用者,档案馆(室)与档案馆(室)之间的交流工具。利用者和其他档案管理部门借助于它即可概要地了解馆藏档案的内容、价值等信息。

2. 档案检索工具的种类划分

档案馆(室)为了适应利用者对档案的多种类、多角度的需求,常常需要编制多种类型的检索工具。从不同的角度,用不同的标准,可以对档案检索工具进行不同的种类划分。

(1)从编制方法上划分：

①目录。目录是将档案的著录条目按照一定次序编排的一种揭示、识别和检索档案材料的工具。

②索引。索引是将档案中的某一内部或外部特征及其出处按一定次序编排而成的检索工具。

③指南。指南是以文章叙述的体例，综合介绍档案情况的一种书面材料或工具书。如档案馆指南、档案室指南、全宗指南等。

(2)从作用上划分：

①查找性检索工具。查找性检索工具是为了解决从不同角度检索档案而编制的，从档案的某一内容或形式特征提供检索途径的检索工具。它是对外服务和馆(室)内查找档案的重要手段。如全宗文件目录、分类目录、专题目录、主题目录、人名目录等。

②报道性检索工具。报道性检索工具又称介绍性检索工具，是为了报道和介绍馆藏档案内容及有关情况，开展馆际交流而编制的检索工具。如档案馆指南、档案室指南、全宗指南等。

③馆藏性检索工具。馆藏性检索工具是档案馆(室)收藏档案的总清册，是反映档案分类整理和排列顺序的检索工具。

(3)从载体形式上划分：

①卡片式检索工具。卡片式检索工具是将一个条目著录于一张卡片，将卡片按一定顺序排列而成的检索工具。其优点是具有较大的灵活性，便于增减条目和调整条目之间的顺序；一种卡片目录放在若干地方，可供多人同时查阅。

②书本式检索工具。书本式检索工具是将著录条目逐条登录并装订成册的检索工具。其优点是体积较小，便于管理，编排紧凑，便于阅读，可印刷出版，便于传递、携带和交流。

③活页式检索工具。活页式检索工具是介于卡片式和书本式检索工具之间的一种检索工具。每一页记录若干份同类文件或案卷的特征，一

页著录不完接下页,再将著录好的活页按序装入书夹。其优点是比较灵活,能随意增减,随时撤换。

④缩微式检索工具。缩微式检索工具是以缩微摄影方式制作的以胶片为载体的检索工具,手工检索时使用缩微阅读器放大阅读,也可用于计算机检索。其主要优点是密集存储、节约空间;体积小,便于交流,便于复制。缩微式检索工具是在书本式或卡片式检索工具的基础上形成的,而且需要具备一定的拍摄和阅读条件才能制作和使用。

⑤机读式检索工具。机读式检索工具是以磁性材料为载体的供计算机识别的检索工具。它将档案的内容和形式特征以特定的编码形式和特定的结构记录存储在计算机的磁鼓、磁盘、磁带上,使用时可以用荧光屏显示,也可以打印出文字目录。机读式检索工具的主要优点是存储密度高,检索扫描速度快,可进行多途径检索。

3.理想的档案检索工具

理想的档案检索工具必须以档案信息存储丰富、检索及时准确、方便实用和标准规范为标准。

第一,档案检索工具信息存储要丰富。信息存储丰富是指存储的档案内容要全,项目著录要详细,标引要有深度。在编制检索工具时,凡是本馆(室)有用的档案信息都要存储进去,以满足利用者对档案信息的多种需求,更好地发挥档案的作用。著录项目应尽可能完备,不仅著录作者、时间、文本、保管期限等易见的外形特征,还要具体描述档案的主题内容,为利用者提供丰富的信息。标引要有一定的深度,对每份文件或案卷的主题内容,应该用几个或更多的主题词和分类号来标识,以增加从不同角度获取档案信息的途径。

第二,检索要准确及时。档案检索的质量和效率主要体现在检索的准确性和时效性两个方面。准确,是要求通过检索工具和手段为利用者提供所需要的档案,既要查全,又要查准,把漏检和误检率降至最低程度。这就要求编制检索工具时,对文件或案卷内容和形式特征的著录和标引无差错,检索途径充分,排列系统科学。及时,是指在一定时限内迅速提供档案为利用者服务。这就要求检索工具必须种类适当、组织合理、排列有序,使档案人员面对堆积如山的档案,能够及时、迅速地查找到利用者所需的全部档案。

第三,检索要方便实用。使用方便、实用性强是检验档案检索工具质量高低的标准之一。档案检索工具的使用具有高频率和广泛性的特点,这就要求其项目设置要实用,文字要简洁,排检方法要科学,易于掌握,便于利用。

第四,档案检索工具要实现标准化、规范化。检索工具的标准化、规范化是指在编制检索工具时,对其规格、著录方法、标引方法、编写体例等方面的统一规定。如果各馆(室)编制档案检索工具时各行其是,规格式样不统一,著录标引方法不科学、不规范,不仅造成人力和物力的浪费,而且给档案的科学管理和开发利用、馆际交流,以及实现手工检索向计算机检索过渡等,都会带来极大的困难和障碍。因此,编制检索工具应严格遵守各种相关的国家标准,努力实现其标准化、规范化的要求。

4. 常用档案检索工具的编制

(1)案卷目录的编制

案卷目录是以案卷为单位,按照档案整理顺序组织起来的档案检索工具,它是档案馆(室)最基本的、使用最为频繁的一种检索工具。它既是馆藏性的检索工具,又是检查性的检索工具。

一个全宗内的全部档案,经过分类、立卷、系统排列后,应将案卷逐个登记下来,形成案卷目录。案卷目录即案卷的名册,是著录案卷内容和形式特征并按一定次序编排的表册。

案卷目录具有以下作用。

第一,固定和反映档案的整理和排架顺序。

第二,可作为保管档案和统计案卷数量的主要依据。

第三,它是按照立档单位整理体系查询档案的基本检索工具。

案卷目录的组织方法通常和本机关的档案分类体系相一致。如采用年度—组织机构分类法的机关,可按照保管期限—年度—组织机构的体系编制案卷目录,即首先将不同保管期限分开,在每一种保管期限中按年度集中案卷条目,每个年度中的案卷条目按组织机构顺序排列。采用组织机构—年度分类法的机关,则可按照保管期限—组织机构—年度的体系编制案卷目录。编制案卷目录,应以全宗为单位进行。

案卷目录的结构主要包括以下几个组成部分。

①封面和扉页。其项目包括:档案馆(室)名称、全宗号及案卷号、全宗名称及类别名称和目录中档案的起止日期。

②目次。目次即案卷所属类目的索引。根据全宗内案卷的分类排列情况,分别写明案卷分类目的名称及所在页码,也可包括案卷的起止号。

③序言或说明序言中应说明使用案卷目录和利用档案时需要了解的有关情况。如目录的结构、编制方法、立档单位、全宗简史、全宗内档案的完整程度等。

④简称表。简称表就是将案卷目录中使用的名词简称与其全称列为对照表,以便利用和查对。简称表可独立编写,也可纳入序言之中。

⑤案卷目录表。这是案卷目录的主体部分。

⑥备考表。备考表附在案卷目录之后,总结性地记载案卷目录的基本情况,包括目录所登记的案卷数量和案卷长度(m),案卷目录的页数,编制日期及其他必要的说明,编制者签名或盖章。

案卷目录上述组成部分填写完毕后,应该加上封皮和封底,并装订成册。案卷目录应一式三份,其中一份供日常使用,一份保存,一份随档案移交。

(2)分类目录

分类目录是按照体系分类法的基本原理,将档案主题按《中国档案分类法》的逻辑体系组织起来的检索工具。它的主要特点是系统性和集中性强,把内容性质相同的档案信息内容组织到一起,便于检索,使利用者获得有关某类专题的全部材料。

分类目录一般采用卡片式,其编制方法大体如下。

①填制卡片制卡时应根据《档案著录规则》的有关规定和档案标引的

有关要求进行。一般是一文一卡或一卷一卡。由于分类目录是以分类号为排检项,制卡时要特别注意分类标引的准确性,当一件(卷)档案需要标引多个分类号时,应该对该档案分别填写多张卡片。

②排列卡片排列时应按分类号的顺序逐级集中卡片。具体排法是,先按字母顺序排,同一字母的卡片集中排放在一起,然后再逐级按阿拉伯数字的大小排列,类目顺序应与分类表相一致。在同一类目内卡片的排列顺序有多种方法,如按年度、按时间、按责任者等进行排序,但在一个档案馆(室)应保持一致。需要向档案馆移交档案的机关最好能与档案馆分类目录的排列顺序相一致。

当一件(卷)档案标引一个分类时,只要按其分类号排在相应的位置即可。当一件(卷)档案标引两个以上分类,或采用分类号组配形式标引档案时,需要将每一个分类号轮排到前边一次,并排入居于首位的分类号相应的类目之中,也就是说一件(卷)档案标引了几个分类号,就需要填制几张卡片,该件(卷)档案在分类目录中就占有几个位置,这样从该件(卷)档案的每一个主题入手均可查到该件(卷)档案。

③安放导卡分类卡片排列完毕之后,需要在类与类之间安放导卡,便于检索者迅速准确地查到所需档案卡片。

(3)案卷文件目录

案卷文件目录也称"全引目录"或"卷内文件目录汇编"。它是将全宗或全宗内的某一部分案卷目录和卷内文件目录合二为一、汇编而成的一种检索工具。案卷文件目录的格式大体有两种:一种是将一定数量(如一个年度、一个组织机构)的案卷目录放在前面,后面依案卷条目顺序依次附上卷内文件目录;另一种是以案卷为单位,在每个案卷条目下附上该卷的卷内文件目录。

(4)专题目录

专题目录是以卡片形式系统揭示档案馆(室)某一专门题目的档案内容和成分的一种检索工具。它按照一定题目,把同一主题内容的二次文献组合在一起编制而成,符合按专题利用档案的规律和特点。

专题目录的编制方法如下:

第一,选题。选题是专题目录编制的重要环节,选题的正确与否直接关系到专题目录的利用价值。选题既要考虑到党和国家各项工作的需要,又要考虑馆(室)藏基础。

第二,制订计划。计划内容包括:题目名称,题目所包含的问题,分类方案,题目所包括的年限和涉及的地区,查找档案所涉及的全宗和全宗的哪些部分,选择材料的标准,工作步骤,人员分工,完成时间等。

第三,选材。选材时量材尺度要统一,应挑选出最能反映专题本质、有科学意义和实际价值的档案材料。

第四,填制卡片。填卡一般与选材结合进行。制卡的著录单位可一文一卡,相同内容的文件亦可一卡多文,多主题的文件可一文多卡,内容单一的案卷也可一卷一卡。卡片的项目一般包括专题名称、类、项、目、责任者、时间、档号、文件内容与成分简介。

第五,卡片的分类和排列。分类一般是以文件的内容来划分。排列方法比较常见的有两种:一种是按类—项—目—年度—重要程度排列;另一种是按类—项—目—问题—时间的顺序排列。

(5)人名索引

人名索引是揭示档案中所涉及的人物并指明其出处的检索工具。人名索引一般由人名和档号两部分组成。利用者借助人名索引,可以查到记载某一人物的材料。人名索引从体例上可分为综合性人名索引和专题性人名索引两种。综合性人名索引是将档案中所涉及的人名都编成索引;专题性人名索引是根据所列专题范围(如任免、奖惩等),对涉及该专题的人名编制索引。人名索引一般按姓氏笔画、汉语拼音字母顺序或四角号码等方法排列。

(6)档案室指南

档案室指南是全面、系统介绍机关档案室及其收藏档案情况的工具书,又称档案室介绍。档案室指南一般包括两部分内容:一是档案室概况。档案室概况包括档案室成立时间、隶属关系、设备状况、人员条件、服务范围、利用手续、规章制度等。二是室藏档案情况介绍。室藏档案情况一般以类为单位逐一介绍,如档案数量、内容与成分、完整程度、利用价值等。

(7)档案馆指南

档案馆指南是以文章叙述形式概要介绍档案馆及其馆藏档案情况的工具书,又称档案馆介绍。

档案馆指南的内容及结构主要包括:说明或序言、档案馆概况、馆藏档案概况、馆藏档案介绍、馆藏资料介绍、索引和目录等。

说明或序言:说明或序言一般置于正文之前。它应说明编写指南的目的和意义、体系结构、材料排列顺序、使用方法及编著的简要过程。还应该要指明馆藏档案资料的利用价值,以引起利用者的重视。

档案馆概况:档案馆概况包括档案馆的历史沿革、隶属关系、性质与职能、内部机构设置、历任馆长姓名、馆内布局、开放时间、利用手续、规章制度、服务设施等。

馆藏档案概况:馆藏档案概况需要介绍如馆藏的特点、种类、数量、时间、来源、档案的整理和鉴定、保管、统计、检索、提供利用等情况。

馆藏档案介绍:这是档案馆指南的主体和核心部分。一般是以全宗为单位进行介绍,如全宗名称、全宗号、档案数量、起止时间、档案内容和成分简介等。其中,全宗内档案内容和成分简介既要简明扼要,又要能客观地揭示档案的内容和成分。

馆藏资料概况:馆藏资料概况介绍资料的来源、种类、数量、名称、内容、分类整理方法等。

索引和附录:索引和附录包括以下三方面的内容:①关于利用档案的有关规章制度,如查阅档案、资料的办法,开放档案的办法等。②指南中有关的机构名称、人名和地名的索引或简称表等。③其他图表、照片等必要的辅助材料。

5.档案计算机检索

目前,档案检索正逐步从传统的手工检索向计算机检索过渡,计算机检索代表了档案检索的发展趋势。

(1)计算机检索结构的设计要求

对计算机检索结构的设计要求主要是对软件系统的设计要求。软件系统应具有以下特点：一是先进性。先进性即设计出的软件系统有较先进的技术含量,保证系统不被轻易淘汰。二是标准性。标准性是指应根据一定的统一标准设计有关系统。这样,在检索时就可尽量减少人为原因而引起的误差。如在设计企业档案软件时,可根据《档案著录规则》的相关规则来设计,这样各种档案都能以相同的著录标准进行著录,这样做不仅能方便用户检索,而且也可促进信息间的交流。三是完备性。完备性是指检索系统应具有完善的多种功能。例如,检索系统应提供多种检索途径,如主题词、责任者、分类号等;还应能根据用户的需求,提供多种显示和输出方式。四是简易性。软件应易学易用,最大限度地减少用户的人工干预和简化管理人员及用户的操作程序,从而节约人力物力,提高检索效率。

(2)计算机检索的过程

计算机检索与手工检索的原理是一样的,也是由存储和检查两部分组成,在计算机检索中通常称为输入和输出。在输入阶段,要把反映档案的内容和形式特征的著录项目录入计算机,存入数据库并根据检索需要建立相应的倒排文档。在输出阶段,要根据利用者的提问编制恰当的检索策略,形成检索表达式,并将其输入计算机,在数据库中查找后将结果输出。

计算机检索的具体过程大致分为以下几个步骤：

第一,分析检索的主题,明确检索目的和要求。分析检索的主题,明确检索目的和要求即要确切了解所要查询的目的和要求,确定需要的信息类型(全文、摘要、名录等,文本、图像、声音)、查询方式(浏览、分类检索、关键词检索)、查询范围(所有网页、标题、新闻组文章、FTP、软件、中文、外文)、查询时间(所有年份、最近几年、最近几周、最近几天、当天)等。不同目的的检索应使用不同的查询策略,不同的查询策略会产生不同的检索结果。尽可能多地了解检索目标,不仅能帮助用户确定所需要的信息类型、查询方式、查询范围、查询时间及采用何种限制条件,而且能更好地理解查询结果,并准确地捕捉到它。

第二,选择合适的检索工具。检索工具选择得当与否,直接影响到信息检索的效率和质量。根据课题分析所确定的范围,选择自己熟悉、没有语言障碍、收录全面、报道及时和附录索引完整的检索工具。

第三,对信息需求进行概念分析。为了准确表达用户所需信息的主题,需要确定其概念和检索标识,选择能代表各概念层面的检索项,从而把主题概念转换成适合系统的检索标识,完成用户信息需求由概念表达到计算机系统所能进行的检索标识表达的转换。

第四,制定检索表达式。检索表达式是检索策略的具体体现,是用来表达用户信息需求的逻辑表达式,由检索词和各种算符组配形成。具体操作步骤包括提取检索词、组配检索词、调整检索式。

①提取检索词:检索词是构成检索策略的基本元素,同时也是进行逻辑组配和编写提问检索式的最小单位,它可以是反映文献内容特征的主题词、自由词等,也可以是仅反映文献信息外表特征的篇名、著者等。检索时,应根据课题或所需信息的主题名称及描述语句,经过切分、删除、替换、增加等步骤来提取检索词。一是切分。切分就是以词为单位进行划分,其结果是句子或词组。切分需要彻底,做到"到词为止",但又必须是表达一件事物的完整名称,例如:"雨伞"可切分为"雨|伞","计算机管理系统"可切分为"计算机|管理系统",不能切分成"计算|机|管理|系统"。切分后,所要检索的课题就转换成词的集合,但必用的核心词往往很少,多数的是限定词。二是删除。第一,要删除没有检索意义的词,如虚词,包括介词、连词、助词、副词等;第二,删除过分宽泛和过分具体的限定词。第三,删除存在蕴含关系的可合并的词,所谓蕴含关系的合并词,是指在一个词里内在地含有另外一个词的含义。三是替换。如果遇到用户在检索要求中使用的词不清楚或含义模糊时,可以使用概念替换法,引入更加

明确具体的词替代原有的词。替换的方法可以使用同义词或把相关的词增加到原来的概念组中,同时保留原有词,也可以使用相应的分类号替代关键词。四是补充。对于一些由词组缩略而成的名词,可以采取与缩略相反的操作补充还原。对一些没有限定的词,如线路,既可以是电子线路,又可以是交通线路,应采用逻辑组配方法限定所需要或不需要的东西。

②组配检索词:为了准确地表达检索意图,可利用系统提供的各种检索算符,把检索词进行组配,以提高检准率。不同的数据库检索系统提供的检索算符不一样,检索前,需要熟悉系统的检索算符。

③调整检索式:计算机检索交互性较强,有时候检索的结果不一定理想,检索结果太多或太少的情况都有可能出现。可以通过调整检索式达到最佳的效果。当获得的检索结果太少时,需要扩大检索范围。调整检索的方法可采取:选全同义词、关键词或用分类号检索;调整位置算符,去掉专指的概念组面,取消某些过严的限制符等。当获得的检索结果太多时,需要缩小检索范围。调整检索时方法可采取:提高检索提问式的专指度,采用下位词或专指性较强的词;调整位置算符,由松变紧,增加概念组面,进行 AND 运算,采用字段限制符,将检索词限定在一定的字段中。

第五,输入检索词,进行查找,检出相关资料。检索词的输入方法有:直接输入、索引中取词、复制输入、利用保存式输入。

直接输入:直接输入是计算机检索最常用的方法,一般是在检索框中逐次输入。在联机检索中,如果检索方式较复杂,应预先处理好检索式,以免在联机检索中增加费用。

索引取词:大多数计算机检索系统提供从索引中选词的功能。当不能准确判断检索用词或检索词拼写不清楚时,可从索引中取词,索引中取词更加准确。

复制输入:利用计算机系统提供的复制输入功能,将已有的检索方式中的某些检索词或从检索记录中复制的所需要的检索词,粘贴到检索输入框中。

利用保存式输入：利用计算机系统提供的保存检索功能，把已保存的检索方式调入检索输入框中，也可对检索方式进行修改。

第六，分析检索结果。检索结果若不符合要求，则对检索方式进行修改，并重复第五步，直到满意为止。

二、档案的编研

(一)全宗指南的编写

档案信息具有原始性和分布相对分散性，比如，反映某个问题或情况的档案可能保存在不同的文件、案卷甚至全宗当中，有时利用者要了解某一方面的情况就需要查阅大量档案。档案编研工作就是将关于某个专门问题的档案信息收集起来，然后经过选择、加工和编辑，使其成为系统说明情况的材料，集中提供给利用者使用。

编写档案参考资料是档案间接利用工作的重点。常用参考资料可以分为两种：一种是档案文献报道型资料，它包括全宗指南、专题指南、档案文摘等；另一种是档案文献撰述型资料，包括大事记、组织沿革等。

1.全宗指南的主要作用

全宗指南又称全宗介绍，它是以本组织全宗为对象范围，以叙述的形式对立档单位及其档案的内容和成分等情况进行报道的材料，是向利用者介绍和报道全宗构成者(立档单位)及其所形成档案情况的工具书。

编写全宗指南可以为利用者检索档案提供基本线索，为实际利用全宗中的具体案卷、文件提供基本背景材料。在具体利用全宗内的某些具体案卷、文件时，如果利用者对全宗总体情况毫无所知，则往往难以理解其意义、判断其价值，难以搞清案卷之间、文件之间的关系。有了全宗指南，使利用者掌握了具体利用某些档案时应该具备的基本背景知识，从而有助于提高利用档案的效率。

2.全宗指南的结构分析

全宗指南由封页、正文、备注三部分组成。正文部分由全宗构成者沿革、全宗内档案情况简介、全宗内档案内容与成分介绍三部分组成。

(1)封页

封页项目包括全宗指南名称、时间和全宗号。全宗指南名称由全宗构成者的名称(全称或通过简称)及全宗指南构成。全宗内档案文件的起止年代,一般采用公元纪年表示。全宗号是指本全宗指南所对应的全宗的编号。

(2)正文

①全宗构成者沿革简介

全宗构成者沿革简介由构成者名称、时间、主要职能、隶属关系、全宗构成者主要负责人名录、内部机构设置及其各历史阶段演变情况等内容组成。

全宗构成者的名称按全称书写,通用简称书写在全称后面的圆括号内。全宗构成者所有曾用名称按时间顺序书写在全宗构成者的沿革中。

全宗构成者沿革应结合时间撰写,和下列内容有关的时间应反映在全宗构成者沿革中:全宗构成者成立、合并、改组、更名和撤销时间。全宗构成者内部机构的设置及重要部门的调整、增设、合并、更名、撤销时间。全宗构成者上级主管机关变更时间。其他所有反映全宗构成者的重要活动时间。

全宗构成者的主要职能包括全宗构成者的性质特征、职权范围和主要工作与任务。

全宗构成者的隶属关系主要指全宗构成者和其上级主管机关的组织关系和业务关系;全宗构成者和其他重要的直属下级机关的组织关系和业务关系。全宗构成者上级主管机关如有变更,也应反映在全宗构成者沿革中。全宗构成者负责人名录主要包括全宗构成者正副职负责人姓名、职务、任期时间。

全宗构成者内部机构的设置及其各历史阶段演变情况主要包括全宗构成者内部一级机构的名称;全宗构成者内部一级机构正职负责人的姓

名、职务、任期时间；全宗构成者内部一级机构的主要职能；全宗构成者内部机构中重要部门的增设、调整、放大、合并、撤销情况及内部一级机构在各历史阶段的变化情况。此外，还有涉及全宗构成者的重大事件和对全宗构成者产生了重要影响的活动，以及全宗构成者改组和撤销的原因也应在这一部分介绍出来。如果是个人全宗，应主要介绍其姓名、别名、生卒年月日、籍贯、职务、职称、主要业绩、荣誉称号及简历。

②全宗内档案情况简介

全宗内档案情况简介主要包括档案的数量及保管期限、档案的完整程度、档案的利用价值及鉴定情况、检索工具的配置情况和档案的整理情况。

③全宗内档案内容与成分介绍

全宗内档案内容与成分介绍应以文章叙述的形式，按全宗内档案的实际分类体系结合问题介绍。由于分类体系有多种形式，全宗内档案内容和成分介绍的结构也可有多种形式。如按机构，或按职能，或按专题，或按年代，或按名称等进行分类，如果有必要，类下再设项，再按类项分别对全宗内相关档案的内容和成分进行介绍。现代的综合档案室在编写全宗介绍时，往往先将全宗档案按文书档案、科技档案、专门档案分为三大部分，每部分再设类项进行介绍。全宗内档案成分的介绍一般与档案内容的介绍同步进行，即在介绍某类型档案的内容之前或之后，对这部分档案的成分予以介绍。成分介绍一般涉及档案的来源、文件的作者、档案的形式（文件名称，使用非汉字文字和非纸质载体档案的情况）及形成时间等。对档案内容的介绍，一般应首先考虑按全宗内档案的实际分类体系形成总的框架，再结合问题、重要程度、形式等进行介绍，介绍深度依据档案的重要程度和数量状况灵活掌握。在对档案的内容和成分进行介绍时，根据需要还可对档案的可靠程度和利用价值做简要评述。在这类项进行介绍之前，若有可能，最好能对整个全宗档案的内容和成分做概括的综述。

(3)备注

备注部分主要介绍本全宗指南的编制情况,有关全宗内档案的补充说明,全宗指南中需加解释的名词、事件及问题,以及全宗内档案增加、调整、遗失、销毁等说明和其他有关问题的说明。

(二)组织沿革的编写

组织沿革也叫作组织机构沿革,是以文字或图表形式系统地记述和反映某一独立组织(包括党政机关、社会团体、企事业单位)自身发展演变情况的参考资料和工具。组织沿革能够比较完整、系统地揭示各种不同类型组织的来龙去脉,具有内容的专题性和记述事实的连续性两个特点。

组织沿革着重记述和反映组织自身在组织系统方面的有关情况,如组织的成立、合并、撤销、复建的情况,组织人员编制和内部组织机构的设置情况等。组织沿革以系统地反映该组织自身发展、变化的历史过程为目的。组织沿革的主要用途是:便于查考和研究本地区、本系统、本组织的机构和人员发展变化情况;可以为档案室(馆)编写立档单位历史提供系统的材料;也可以帮助档案利用者了解立档单位的情况,人事档案的价值。

1.组织沿革的类型

(1)机关组织沿革主要记载一个组织及其内部机构和人员的演变情况。

(2)地区组织沿革主要记载一定行政区域或行政区域内所属党政群各级组织的设置和演变情况。

(3)专业系统组织沿革主要记载一定专业系统所属组织的设置和演变情况。

2.组织沿革的主要内容

组织沿革通常由标题、序言(编辑说明)和正文组成,根据需要可以增加目次和注释。组织沿革正文包括以下内容:

(1)组织、地区或专业系统的历史概况、行政区划、建制变更情况。

(2)组织的性质、任务、职权范围和隶属关系。

(3)组织内部组织机构的设置和人员编制的变化情况。

(4)组织领导的任免情况。

(5)组织名称的变更、印信的启用与作废、单位办公地点的迁移等情况。

3.组织沿革的编写体例

(1)编年法

编年法是按照年度记述某一组织、地区或专业系统的组织概况。采用编年法编写组织沿革时,先将材料按年度分开,然后在每个年度中再分别记述各方面的情况。这种方法的优点是:每个年度的材料集中,自成体系,全年的情况显示清楚。

(2)系列法

系列法是以组织机构或组织建设问题为线条,形成各个系列。在编写时,首先按照系列,然后再按年度顺序,分别记述其演变的始末概况。如果按照组织机构的系列编写组织沿革,则以组织内部机构的实际设置为线条,分别记述各机构的变化情况;如果按照组织建设问题编写组织沿革,则可以分为组织体制、职能与任务、隶属关系、机构与人员编制、干部任免、印信使用等若干方面分别记述其演变情况。这种方法的优点:能够比较系统地揭示组织、地区或专业系统内部组织机构和组织建设各方面情况的发展脉络,便于读者分项目了解组织、地区或专业系统的演变情况。

(3)阶段法

阶段法是根据组织、地区或专业系统发展变化的特点,将其划分为若干历史阶段,在每个阶段中再分别记述各方面的情况。这种方法在一定程度上吸收了前两种方法的优点,使时间和系列经纬交织,能够比较清晰地反映组织的演变情况,便于读者阅读和理解。采用这种体例时,应注意根据编写对象的发展特点合理地划分阶段。

以上三种组织沿革的编写体例各有其适用情况:历史较短、规模较小、内部机构不太稳定的组织,可以考虑采用编年法;组织机构比较稳定且独立性较强的组织、地区或专业系统,可考虑采用系列法;已经具有一定发展历史的组织、地区或专业系统,可考虑采用阶段法。

4.组织沿革编写的选材

组织沿革是对组织、地区或专业系统组织建设和发展情况进行记述的资料,在内容上必须做到全面、准确和严谨,这就需要做好材料的收集和选择工作。

组织沿革使用的材料应主要从档案中收集,而其他来源的材料则应慎重选用。有关组织、地区或专业系统组织建设方面的档案通常集中在单位的综合部门,如办公厅(室)、组织部门和人事部门,因此,上述部门可以作为收集材料的重点对象。但有时也需要从本组织其他部门或外组织的档案中收集材料作为补充。

某些通过调整而成立的新组织,其形成之初的有关文件往往保存于其前身组织中。有些情况本组织没有形成正式记载,则可以从其他材料中寻找求证,对于记载不准确、证据不足的材料,应认真考证再予收录;经考证也无法证实的情况,应加以说明。

(三)会议简介的编写

会议简介是简明扼要地记述会议过程和基本情况的参考资料。各种重要会议都可以编写会议简介,如人大、团代会、职代会、全体委员会或常委会、行政办公会、经理办公会,以及一些重要的工作会议、专业会议和学术会议等。召开会议是各组织开展工作的一种重要方式,特别是重要的会议,具有决策、指导、启迪和教育作用。为了解会议情况,查找会议文件是组织工作人员、科研人员一种常见的档案利用方式。一般来说,会议文件数量较多,常规性会议文件分别保存在不同年代中,将重要会议的基本情况编写成介绍材料,对于利用者了解会议简况,总结工作经验,查证某一问题或筹办新的会议具有很好的参考价值。因此,会议简介可帮助利用者迅速准确地查询会议情况。

1.会议简介的主要内容

编写会议简报的材料来源主要是会议文件,包括会议通知、开幕词、报告、记录、决议、简报、闭幕词、公报、会议纪要等。会议简介的内容主要有以下几个方面。

(1)会议的名称和届次,如《××公司第一届职工代表大会简介》。

(2)会议的时间、地点及主持人。

(3)会议参加人员。对于出席会议的重要领导和来宾可标明姓名及职务;其他代表只标明人数;如果需要,可将与会人员名单作为附录附后。

(4)会议的主要议程及内容。这是会议简介的主体部分,其中应着重记述会议主要报告的题目及内容要点、会议讨论的有关问题、会议通过的决议、报告、提案等事项的名称及内容要点、选举结果等。对于选举结果,一般只标明选举出的主要领导姓名及职务,以及委员、候补委员的人数即可,需要时也可将全部选举结果以附录形式附后。

2.会议简介编写的基本要求

(1)事实清楚、准确,无论是会议基本情况还是会议内容都不能出现重要遗漏或失实现象。

(2)会议情况介绍线条清楚,属于同类历届会议的简介应按届次顺序排列,汇集成册并编制目录。

(3)语言简练,要点突出。会议情况可以从简介绍,会议的报告和重要事项应详细一些;为避免历次会议介绍大同小异,面目相似,应注意对每次会议特色的介绍;必要时可以对会议的意义、效果做简要评价;对于专业会议,更要注意写出其专业特色。

为了写好会议简介,需要全面认真地研究有关会议的文件,尤其是会议报告、决议、简报、记录等,从中了解会议的主要精神,这样才能介绍得清楚、准确,抓住要点。

第三节　档案的鉴定与保管

一、档案鉴定

(一)档案鉴定概述

1.档案鉴定的主要内容

档案鉴定工作包括档案的价值鉴定和档案的真伪鉴定两个方面的内容。目前,档案界所称的档案鉴定主要是指档案的价值鉴定。档案价值鉴定工作就是各个档案机构按照一定的原则、标准和方法来鉴别和判定档案的价值,确定档案的保管期限,并据此销毁失去保存价值的档案的工作。

档案价值鉴定工作的内容主要包括:制定鉴定档案价值的有关标准;具体判定归档文件的价值,确定其保管期限;审查保管期届满的档案,对确无保存价值的档案予以销毁;定期开展档案开放鉴定。

2. 档案鉴定的原则与标准

档案鉴定必须从国家和人民的整体利益出发,用全面的、历史的、发展的观点判定档案的价值。

同时,为保证鉴定工作的客观、可靠,必须建立明确的档案价值鉴定标准。档案鉴定的标准主要有来源、内容、相对价值和形式特征等几个方面。来源标准是指档案的形成者在社会上以及机关内的地位、作用和职能可能影响甚至决定档案的价值。档案内容是决定档案价值最重要的因素。内容标准主要是指档案内容的重要性、独特性和时效性。档案的相对价值标准,主要依据所存档案的完整程度、档案内容的可替代程度和各全宗之间档案的重复程度三个方面去判定。档案的形式特征是指文件的名称、文本、可靠程度、外形特点等,这些特征在某种程度会影响到档案的保存价值。

总之,档案的价值是由各个方面因素所决定的,必须根据每份或每组档案的具体情况,从档案的内容入手,综合考察分析其来源、时间、形式等因素,全面判定档案的价值。

(二)档案鉴定的方法与程序

1. 档案鉴定的方法

鉴定档案价值的基本方法是直接、具体地审查档案,通常把这种方法称为直接鉴定法。直接鉴定法要求档案鉴定人员逐件逐页审查档案材料,从它的内容、作者、名称、可靠程度等方面,全面考察分析确定其价值。

直接鉴定一般以案卷为基本单位进行,比如,一个案卷内存有不同保存价值的文件,而文件之间又有密不可分的联系,则以其中最重要的文件价值来确定保管期限,一般以不拆卷或个别拆卷的办法来处理。

2.档案鉴定的程序

(1)归档鉴定。首先,由文书部门或业务部门在档案室指导下,制订本单位的《文件材料归档范围和保管期限表》。之后,剔除没有保存价值的不归档文件,再按照《保管期限表》对归档文件确定保管期限。

(2)档案室的鉴定工作。档案室的鉴定工作一般包括:对归档材料的初始鉴定的结果进行质量监控,检查所定的保管期限是否准确,对不符要求的做局部调整。同时,对保管期限届满的档案进行复查鉴定,重新审定其是否需要继续保存,对其中仍有保存价值的档案,重新划定保管期限,对于失去保存价值的档案,剔除并按规定销毁。

(3)档案馆的鉴定工作。档案馆的鉴定工作一般包括:对进馆档案的保存价值、整理质量和保护状况进行检查;对封闭期已满的档案进行开放和划控鉴定;对馆藏档案开展定级鉴定;对保存期满的档案做复查鉴定以确定存毁。

(三)档案销毁

档案销毁是将已失去保存价值的档案材料以特定的处理方式改变正常的物理载体形式,从而使其所携带的信息无法被还原的过程。

1.档案销毁清册

凡需销毁的档案,必须编制销毁清册。销毁清册是准备剔除销毁的档案的登记簿,也是日后查考档案销毁情况的凭据。

档案销毁清册封面上的项目有:全宗号、全宗名称、立档单位名称、编制档案销毁清册单位名称和编制时间等。

销毁档案登记栏是档案销毁清册的主要部分,其主要项目有:序号、案卷或文件题名、起止日期、号码(案卷目录号、案卷号或文件字号)、数量、销毁原因、备考等。具体项目可以根据具体情况进行增减。一般是以案卷为单位登记,必要时,也可以按文件登记。

档案销毁清册应以全宗为单位编制,每一清册至少应一式两份,一份留档案馆(室),一份送有关领导审查批准,如果要报档案行政管理部门备案,则需一式三份。

2.档案销毁的审批制度

鉴定需要销毁的档案,应当编制销毁清册,办理批准手续。各单位需要销毁的档案,须经单位审核批准后施行;档案馆需要销毁的档案,须经鉴定委员会审核,报主管领导部门批准后施行。经办理审批手续后,须对需要销毁的档案检查准确无误方可实施。

3.档案销毁的主要方式

档案可以送到指定造纸厂化成纸浆,这是销毁大批量纸质档案最为常用的一种方式;数量少而又具有机密性的档案应当先用碎纸机打碎再做处理;以磁带、磁盘、光盘等为载体的档案,可以采用物理删除、格式化或焚烧等方式销毁。无论采取何种方式进行销毁,都必须严格坚持两人以上监销的原则。监销结束,监销人员须在销毁清册上签字,并注明"已销毁"字样和销毁方式、销毁日期。已经销毁的科技档案,应在目录上注销,并对排列顺序进行相应调整。

二、档案保管

(一)档案保管工作的主要内容

档案保管工作,是指根据档案的成分和状况,对存入库房的档案进行的日常管理和安全防护工作。档案保管工作的内容主要包括三个方面。

1.档案库房管理

档案库房管理,即库房内对档案进行科学管理的日常工作,包括配置适宜安全保存档案的专门库房;档案库房与装具编号;档案排架存放;库房内温湿度控制与调节;防盗、防火、防尘、防有害气体等必要措施。

2.档案流动过程中的保护

档案流动过程中的保护,即档案在各个管理环节中的安全防护,指从档案接收搬运开始,在整理、鉴定、利用和编研等工作过程中的保护。

3.保护档案的专门措施

保护档案的专门措施,即为延长档案寿命而采取的各种专门技术措施,主要包括复制、修裱、消毒、灭菌等措施,目的是延长档案寿命,便于档案长期保存和利用。

(二)档案保管的物质条件

(1)档案库房。档案库房是档案保护的首要条件,是保存档案的最基本物质条件,各级各类档案馆(室)必须有适宜的保管档案的库房。作为中小型档案室,其用房一般由档案库房、档案阅览用房和档案人员办公用房组成。

(2)档案装具。档案装具主要有档案架、档案柜、档案箱等3种。就目前的档案装具中,活动式密集架在有效利用库房空间、坚固、密闭等方面具有较好的性能,其库容量比常规装具可提高80%以上。因此,密集架不失为现有最经济实用的档案存放设施,使用密集架是在荷载允许的条件下提高库容量、解决库房不足的有效途径。

(3)档案包装材料。目前,我国包装纸质档案的基本材料主要为卷皮、卷盒和包装纸三种,要求符合国家的有关规定,以利于档案安全保管。

(4)档案保管设备。档案保管设备主要是指在档案保管和保护中使用的机械、器具、仪器、仪表等技术设备。用于档案保管的技术设备种类很多,主要有:去湿机、加湿器、空调、通风设备、温湿度控制仪、防火及防盗装置、灭火器、电视监控设备等。

(三)档案的存放与管理

1.档案存放的方式

在将档案放入档案柜时,档案的存放方式一般有竖放和平放两种。大多数的档案馆(室)采用竖放方式,平放比较适宜于保管珍贵档案以及卷皮质软、幅面过大、不宜竖放的档案。

另外,科技档案尤其是底图和蓝图类档案的存放方式选择更加要注意。底图应在特殊的底图柜中存放,其存放方式有两种:平放和卷放。平放方法能保证底图的平整,取放方便,但占用空间大;卷放方法能够节约空间,但取放不方便,容易造成底图的磨损。这种方法适用于特大特长幅面底图的存放。底图禁止折叠存放,以免出现折痕,影响图面的清晰度和准确度,并缩短其保管寿命。为保护底图不被撕破,可用胶纸通过压力机将底图四边包上。

蓝图纸张的机械性能比底图好,可以折叠。蓝图的折叠有一定的要求:一般以四号图纸幅面大小进行折叠,左面要留出装订线;折叠的图纸要向图纸正面以手风琴式方法折叠,不宜反折或卷筒式折叠;图纸的标题栏应露在右下角外面,以便查阅。折叠后的蓝图,若是不常查阅的,可以装订成册。不管是否装订,蓝图上所有的金属针都应去掉,以防生锈。折叠后的蓝图,存放在盒子里比较合适。蓝图柜可用一般的公文柜,在库房条件好的情况下,也可以用档案架。

2.档案存放次序的管理

档案存放次序是指档案在库房及装具中的存放次序,目的是避免存放次序上的错乱,主要有两种方法。

(1)档案存放位置索引。档案存放位置索引是以表册或卡片的形式如实记录和反映档案在库房及装具中的存放次序情况。主要作用是便于档案人员迅速调归档案和其他日常管理,更有助于新手掌握情况,一般有两种编制方法:一是以全宗为单位编制的档案存放位置索引,即指明各个全宗的档案分别存放的具体库房和装具方位。二是以库房和装具为单位编制的档案存放位置索引说明各个库房和装具存放档案的具体情况。一般来说,档案存放位置索引比较适合于档案馆和存有多个全宗的档案室。特别是第二种样式,可采用大型图表形式张贴或悬挂在库房入口,便于随时参阅。

(2)档案代理卡。档案代理卡又称"代卷卡",是档案保管人员编制和使用的一种专门指明案卷去向的卡片。档案代理卡既可以有效防止档案放错位置的现象,又可作为档案人员统计、分析档案利用情况的数据。

第四章 档案工作管理的现代化分析

第一节 档案工作现代化的意义、内容及影响

一、档案工作现代化的意义

(一)档案工作为什么要实行现代化

1. 为四化建设作出更大的贡献

采用当代先进的科学技术来装备档案工作,实现科学管理,才能在为四化建设服务中做出应有的贡献。

实现档案工作的现代化是四化建设对档案工作的要求,全党全民的总任务,是实现四个现代化。在实现现代化赶超世界先进水平的过程中,无论是经济建设、科学研究还是机关工作方面,利用档案材料是必不可少的条件。要赶超,必须摸清国际国内的动态,了解过去和现状以及今后发展趋势,才能确定赶超的目标和方向。这就要求档案工作能迅速、准确、全面、系统地提供四化需要的档案材料,而传统的管理方法则无法满足。只有采用现代化手段,在几分钟、几十分钟内可以把馆(室)藏档案材料查找一遍,及时提供出来,才能满足四化建设的需要。所以,实现档案工作现代化是适应我国四个现代化、赶超世界先进水平所要求的。

2. 实现档案工作的现代化是档案事业发展的需要

随着社会主义事业的不断发展,档案的类型和数量急剧增长给保管和使用带来一系列问题。四化建设的发展,无论是科学技术工作者或机关干部都要求对入藏档案处理得仔细,能及时地、无遗漏地把所需档案材料提供出来并迅速传递到每个需要利用的地方。科学技术的发展,特别

是电子计算机和缩微技术广泛应用于档案工作,又为实现档案工作的现代化提供了可靠的物质基础。

综上所述,档案工作的现代化是客观发展的要求和档案事业发展的必然趋势,其结果将给档案工作带来巨大的改变。

(二)实现档案工作现代化的可能性

1.档案工作的发展具备了实现现代化的条件

我国档案工作经过几十年的建设,已初步建成了一个以机关档案工作为基础的、以各级各类档案馆为主体的、以档案教育科学研究和宣传出版为条件的、以档案事业管理工作为组织中心的国家规模的档案事业,为档案工作的全面发展和实现现代化提供了最有利的条件。

2.科学技术的发展为档案工作现代化提供了物质基础

电子计算机是档案工作现代化最理想的工具,可以建立起计算机检索的网络系统,实现档案检索的自动化。此外,缩微技术、复印技术、声像技术的广泛应用以及科学技术的不断发展为档案工作现代化提供了物质条件。

二、档案工作现代化的内容

现代化的技术装备与掌握现代化技术的人以及科学管理,构成了档案工作现代化的三个要素。

(一)档案工作技术现代化

档案工作技术现代化是指档案的记录、存储、整理、加工、查找、报道、交流、传递都用当代先进的科学技术装备起来,实现工作手段的现代化。它涉及广泛运用电讯设备、电子计算机技术、印刷技术、复制技术、缩微技术、声像技术等。例如,广泛使用计算机进行档案的检索、编目、库房管理、阅览管理、各种统计工作,并把电子计算机与现代化的缩微技术和通讯技术有机结合起来,实现管理自动化。

1.档案工作电子计算机化

利用电子计算机建立档案检索、编目、统计、借阅、库房管理,对档案材料进行收集、登记、报道以及财务、人事、行政管理、办公室自动化等,各方面都可以使用计算机。

2.档案信息传递网络化

电子计算机与现代通信技术相结合形成档案信息传递网络化。

3.档案贮存缩微化

档案使用缩微设备将重要档案摄录在缩微胶卷或平片上,具有体积小、成本低、携带方便、查阅快速、保存期限长等优点,给档案的保管和使用带来方便。

4.复印技术在档案工作中的应用

档案馆(室)设置复印机用于档案的收集、存贮和提供利用等方面,可以大大提高工作效率和服务质量。

5.声像技术及其他技术在档案工作中的应用

随着科学技术的发展,声像技术以及各种先进技术和设备在档案工作中的广泛应用,都为提高工作效率、减轻劳动强度等方面创造了良好的工作条件。

(二)档案工作组织与管理现代化

只有对现代化技术进行适度的管理,才能将先进的科学技术转化为生产力。档案事业的建设和档案工作的组织与管理以系统论、信息论、控制论等现代化的科学理论为指导,运用管理科学的原理,遵循档案的客观规律,研究和处理档案管理工作的各种问题。做到管理方法科学化,管理机构高效化,管理工作计划化,档案工作标准化,使档案管理与组织工作更趋完善。

它的主要内容包括以下几个方面。

1.管理思想现代化

管理思想现代化是指以科学理论为指导,根据档案工作的客观规律和档案的特点,进行合理的组织、控制的科学管理方法。

2.管理方法科学化

管理方法科学化就是由单纯用行政领导和宣传教育的方法,演变为行政领导、法律、经济、宣传教育、咨询、顾问方法的综合,提高管理的功效。

3. 管理机构高效化

在档案管理机构内人尽其才,物尽其用,人、财、物的流通过程畅通,信息系统健全,传递及时、准确,档案工作能为社会作出更大的贡献。

4. 档案工作标准化

标准化是科学管理的重要内容,没有标准化就没有科学管理。科学管理的水平越高,标准化的程度也越高,标准化水平是衡量技术水平和管理水平的尺度。

(三)干部知识化

由于设备的现代化和管理的科学化,需要建设一支具有现代化科学技术知识和业务知识的专业干部队伍。他们不仅具有较高的政治素养和愿意为社会主义档案事业献身的进取精神,还应懂得电子计算机的基本理论和基本技能,能够进行技术操作和管理,在档案专业上有较深的造诣和较丰富的文化和历史知识,才能适应档案工作现代化的需要。

总之,现代化的技术装备、掌握这种技术的人、科学管理构成了档案工作现代化的三个要素,也就是档案工作现代化的主要内容。

三、档案工作现代化带来的影响

(一)现代化将给档案工作带来巨大的变革

建立计算机检索系统,将大大提高检索速度和服务质量。利用计算机和现代化设备对档案进行收集、贮存、加工,档案馆(室)将成为重要信息部门之一;缩微技术与电子计算机技术的广泛应用,将给档案的保管和提供利用带来极大的方便;计算机与现代通信技术结合,使档案传递网络化;现代化将使档案工作人员的工作条件与工作方法发生巨大的变化。

第一,利用计算机检索档案,将极大提高档案的查找速度,有较高的查全率和查准率,可节约利用者查阅档案的时间,提高服务质量。

第二,利用计算机和现代通讯设备,将使档案信息的处理、报道、传送的时间大幅缩短,档案馆将从保管史料的基地发展为名副其实的科学研究和各方面利用档案史料的中心和档案信息的中心。

第三,缩微技术与计算机的广泛运用,将给档案的保管带来极大的方便。档案的体积大为缩小,以计算机输出缩微胶卷(片)的形式提供档案材料,确保档案原件不受损坏,使之"益寿延年",传给子孙后代。

第四,建立计算机检索终端,提供快速复印和复制服务。利用者从电视屏幕上查阅所需要的档案材料,立即就能获得所需要的复制本,给利用者使用档案创造了极为方便的条件。

档案工作的现代化,使档案工作以崭新的面貌出现,提高了为"四化"服务的效率和质量;档案资源能得到充分的开发和合理的利用,必将对社会主义事业的发展产生积极的影响。

(二)建设具有中国特色的档案工作现代化

1. 把计算机化、缩微化与标准化有机结合起来

以检索为突破口,建立起各种计算机检索系统,最终使其网络化。开展档案缩微使档案微型化,并把缩微与计算机紧密结合,使档案缩微库成为巨大的外存储器。标准化是现代化的重要内容,贯穿在各项工作中。

2. 大中小型机械化相结合

实现档案工作现代化需要购置大中型机械设备来武装档案工作,但对于价格低廉、适合中小型档案馆(室)使用的设备也要大力推广。同时,原有的设备也应开展革新和挖潜,相互有机结合,更好地发挥效益。

3. 处理好传统技术与现代化技术的关系

传统技术应当不断改进,使之日臻完善,并把传统技术与现代化技术有机结合起来,使档案工作在近期内提高工作效率和服务质量,有利于加速档案工作现代化。

4. 选择实现现代化的最佳途径和方法

档案工作现代化,不同的部门可采取不同的途径,机关档案工作现代化应纳入本机关现代化管理的范畴,成为其中的一个组成部分。档案馆的现代化是档案工作现代化的主体,要统一规划,以典型引路。

5. 充分发挥档案事业管理机关的组织领导作用

档案事业管理机关负责统一规划并组织实施，及时解决各种问题以推动档案工作现代化。

第二节 档案工作技术现代化

档案工作技术现代化是以计算机为核心，包括缩微、复印、声像等新技术的装备广泛应用于档案工作。

一、档案工作计算机化

在世界范围内，大家公认电子计算机是实现档案工作现代化的理想工具。根据国内外的经验，档案工作可以应用各种类型的计算机（大型机、中型机、小型机、微型机）和各种外围设备处理档案工作的各种业务，具体应用于：档案的接收、编目、检索、借阅和归还、辨认到期档案的销毁、统计、修复和消毒、档案部门的日常工作等。各级档案部门应从实际出发，逐步建立以下自动化系统。

(一)计算机检索系统

它是档案工作计算机化的重点。因为检索在档案馆（室）的业务工作中占有重要的地位。国外好多大型档案馆已建立起计算机检索系统，我国也正在进行实验。检索系统是将每份文件或案卷的外形特征包括档号（全宗号、案卷目录号、案卷号）、分类号、缩微号、题名（标题）、责任者（作者）、文件种类、文本、文件编号、保管期限、密级、主题词、内容提要、附注等著录项目填写在统一格式的计算机输入卡片上，即将档案原件转化为档案二次信息输入计算机内，以一定的格式贮存在磁性载体上，形成数据库，需要时利用计算机进行高速检索。其最显著的特点是高效率和多用途；计算快，可以每秒几十万次、几百万次、千万次、上亿次的运算速度查找档案。对一个利用者的提问，一般只用一、二秒钟就可以作出响应，检索一份文件或一个案卷只需若干秒，查找一个专题的档案材料，少则一二分钟,多则十分钟左右即可检索完毕,查全查准的可能性大,只要标引准确,凡输入计算机内的任何档案材料都能无遗漏地查找出来;检索途径很广泛,能够一种输入多种输出、一次输入多次利用、一处加工多处使用、一种方式加工多种方式应用。计算机依照工作人员的指令,可以将输入的著录项目自动分别编为按时间、作者、专题、主题、文件种类、文件编号、保管期限、密级排序的目录或索引。用多种载体输出,打印在纸张上的有卡片式和书本式目录;用胶片、磁带和穿孔纸带输出,制成机读目录;缩微胶卷与平片,或在屏幕上显示,能灵活地满足利用者使用档案的多种需求。

随着计算机处理功能的提高以及与电讯设备的结合,检索系统从成批检索发展到联机检索和网络化。所谓成批检索,就是根据用户的提问和要求按批量集中地由专职检索人员进行检索操作,然后把检索结果提供给用户。联机检索实现了人机对话,可以随时修改检索提问,立即从终端得到检索结果。近年来又产生了由各自具备独立功能的计算机检索系统用电讯线路相互联结,形成巨大的计算机检索网络。每一个档案检索系统是计算机网络中的一个结点,每个结点又可以与许多终端互联,利用者可以使用任何一个终端设备检索到网络中任何一个检索系统的档案材料从而使计算机检索发展到更高级的阶段。

(二)计算机借阅管理系统

计算机借阅管理系统一般应具有借阅、预约、查找、统计等功能。借阅功能是识别借阅人是不是本馆(室)的合法借阅者。如果是,则应查明要借什么、是在馆(室)内阅览还是外借、借期多长,凡准许借用的则做好借阅记录并存贮下来,自动计算出归还日期,每日外借的档案能打印出催还的通知。预约功能是指预约登记、预约排队、检查同一利用者是否重复预约或是否有人已经提前预约,能够显示全部预约者名单,告诉预约者何时才能借到所需要的档案材料。查找功能是能够直接查找档案,回答该档案是否在库房中、是否被借去或正在整理、鉴定或修复。假若库房内有,即打印出借阅单,随同档案传送到阅览室。统计功能,可以统计利用者人数、借出档案总数、利用效果、拒借次数等,具有上述功能的借阅系已在国外的档案、情报、图书部门中出现。

(三)计算机统计系统

统计是档案工作的一个重要组成部分,基本任务是对档案工作发展情况进行统计调查。统计分析、提供统计资料、实行统计监督,以计量化的管理,发掘数学方法在档案管理中的应用。建立统计系统,应符合国家档案局制定的统计报表的要求,除了必须将档案机构、人员、馆藏、库房、利用、编制等各方面的基本数字输入计算机存贮外,各档案馆(室)还应有更具体的统计,如单份文件的统计,案卷数量或存放箱、柜、架的长度统计,以全宗为单位和整个档案馆(室)保存档案情况的统计,各个业务环节现状、利用人次和效果、利用目的、类型、拒借率、馆外未接收档案状况的统计,每年有多少档案要进馆等,档案管理机关应对各档案馆(室)档案的构成、档案利用情况、档案人员及其素质、档案经费、档案馆(室)建设、档案的增加和销毁等,凡是有用的统计数字要输入计算机存贮起来,使用时可根据指令制成各种统计报表,及时打印出来,成为领导和业务部门进行组织管理和决策时的依据和参考。

(四)计算机库房管理系统

它包括两方面的功能,一方面计算机可随时把库房的情况反映出来,诸如库房内存放的是什么档案材料,各类档案材料存放在库房何处,每个全宗的案卷和文件数量,每个柜、箱、架上是什么档案,档案保管状况,是否被调阅,库房空间的安排等。另一方面的功能是对库房进行自动化管理,库房内的各种自动装置在计算机发出的指令下,对档案搬运、上架,库房空气和温湿度调节,创造保管档案适宜的人造"小气候",以及自动控制取暖、照明、防火系统、报警装置,确保库房的安全。建立库房管理系统,也需要将入库档案的各种数据、库房设备的各种数据输入计算机存贮起来,建立完善的控制系统,需要时可随时打印出库房档案的清单和各种统计报表,实现库房的自动化管理。

(五)计算机行政管理系统

运用计算机进行档案工作的财务管理、人事管理、行政管理、设备管理、情况分析和报告、预测和规划、决策、办公室自动化等。

此外,计算机还可以在档案编制、出版、缩微胶片、声像档案管理等各方面应用。

二、档案缩微化

档案缩微化是档案工作现代化发展的新趋势。由于社会主义建设事业的发展,档案数量与日俱增,给保管和利用带来一系列问题,而缩微技术的应用是解决这些问题的有效办法。

近年来,缩微复制技术在档案部门得到广泛应用,在世界范围内产生了档案缩微化的趋势,成为档案存贮的重要发展方向。它不仅能解决档案材料存贮的空间,而且在计算机处理档案信息工作中不断扩大信息存贮量,提高档案利用服务的自动化水平。它的突出优点是能够保持档案原貌,大大缩小档案的体积,节约存贮空间,规格统一,便于保管和提供利用;有利于保护档案原貌,延长档案使用寿命;保存时间长,不易损坏和变质,成本低廉,节省人力、物力。如果实行档案缩微化,普通缩微度为 1/10 至 1/40,超缩微可以缩小成百上千倍。人们按照缩微的密度推算,一个保存档案达几十万卷的档案馆,将档案全部缩微后能够放在一只手提箱内。近年来,技术发达的国家在光学信息存贮技术方面有新的突破,运用激光打点的记录方法,把缩微密度提高到更高的程度。

档案缩微制品能不断更新换代,使其无限期保存下去。通过实验证明,缩微品可保存长达几百年,比纸张的寿命要长得多,还可以不断复制,达到永久保存的目的。现在由于摄影技术的进步,摄影机与胶卷、平片价格的降低,冲片过程完全可以由自动化的机器接管,档案工作人员经过训练就可以自由操作。每个档案馆(室)都可以根据自己的需要,进行档案缩微工作。

缩微化与电子计算机相结合,是档案工作现代化的重要内容。电子计算机依靠存储器存贮量有限制,价格也比较昂贵,假若把档案的原文全部存贮起来是很不经济的,一般只把档案的二次信息输入计算机,而缩微复制可以把档案原件全部缩微,既能节约资金又便于管理。从某种意义上说,缩微档案库实际就是计算机的外存储器。所以,缩微技术与计算机结合,二者相辅相成,互为补充。从长远观点看,为了解决档案数量的急剧增长和载体的不断老化而带来的保管和使用上的矛盾,采用档案缩微化势在必行。技术发达的国家,都在大力进行档案缩微化工作。法国建立了全国性的档案中心,并接收了缩微档案的正片250余万米,计划将全国档案馆和省级档案馆的双份缩微档案的正片接收一份保存下来。我国的档案馆(室)从20世纪60年代初期开始缩微工作,购置了大量设备,培养了一批从事缩微工作的人才,积累了许多经验,已初步具备档案缩微化的条件。

三、复印技术在档案工作中的应用

近年来,复印技术发展很快,复印的种类和方法很多,如重氮复印法、热敏复印法、蓝图复印法、电子扫描复印法、静电复印法等。其中,以静电复印法占主导地位。

静电复印技术在国内外相当普及,成为通用的办公用具,档案馆(室)大多备有复印机为利用者复制档案。它具有速度快、效率高、使用方便、价格低廉、保持档案原貌、复印份数不限、不需要阅读器就可以阅读等优点,是档案收集、存贮、交流和传播的一种重要手段。从20世纪80年代开始,我国档案馆(室)广泛应用静电复制技术开展复印业务,使利用者不必手抄档案材料,节省了时间和人力;对于珍贵档案、利用频繁的档案,用静电复制品提供利用,既能保护原件又方便工作,很受利用者的欢迎。

目前,复印技术发展的一个特点是复印设备的系列化和自动化,即印刷品复印、缩微、缩微品放大再复印等工序配套成龙,实现自动化生产,工作效率大大提高,因而受到各行各业的普遍重视并得到了较广泛的应用。

四、声像技术在档案工作中的应用

随着科学技术的发展,近几十年来,出现了录音带、录像带、电视片、电影片、幻灯片、唱片等新型档案材料,完全脱离了白纸黑字的印刷和书写形式,这些新型的档案材料已正式列入档案馆(室)的收藏范围,它们在档案馆(室)藏量中所占的比例越来越大,总有一天,这些以磁带、胶片为载体的档案材料甚至会达到与以纸张为载体的档案相抗衡的地步。目前,在档案馆(室)的阅览室内,不仅可以借阅纸质档案,还可以戴上耳机听录音档案,在荧光屏前看录像、电视、电影等。声像档案具有能闻其声、观其形的特殊效果,给人以直接的感觉认识,有助于事物的形态、性质、现象、过程更深刻地理解。但它往往不能用肉眼直接阅读和观看,必须借助于特别器材才能利用,为了适应上述档案材料日益增长的需要,档案馆(室)也要相应地增加设备和专用库房,档案人员也必须掌握保管这些档案的知识,学会操作使用,进行科学管理,才能发挥应有的作用。

综上所述,档案工作技术现代化主要体现在档案工作计算机化、档案情报信息传递的自动化、网络化,档案存贮的缩微化以及复印技术、声像技术在档案工作中的应用。

第三节 档案工作管理现代化

一、管理思想现代化和管理方法现代化

(一)管理思想现代化

实现管理现代化首先要树立先进的管理思想,学习科学的管理理论,继而采用与之相适应的组织结构、组织行为、管理方法和管理手段,才能达到预期的目的。

档案工作要实现管理现代化,也必须进行管理思想上的革命。管理是一门科学,必须运用科学的理论来指导档案管理工作。现代管理科学是建立在自然科学和社会科学的基础之上,包括经济学、数学、物理学、科学学、社会学、心理学等各种技术科学的成果,并且运用系统论、控制论、信息论、运筹学、行为科学、现代经济计量学以及最优化技术、计算机技术

等最新科学成就而形成。档案管理工作要在管理科学理论的指导下大胆探索,立志改革,改变一切不适应的管理方式和方法,遵循档案和档案工作的客观规律进行科学管理。

管理的重要目的之一是提高有效性。所谓管理的有效性,就是档案工作组织达到既定目标的程度,它以档案工作获得的成效来衡量。档案工作的成效要从社会效益、经济效益、历史效益、现行效益等方面去综合衡量,不能仅强调其一方面,要把几方面有机结合起来,全面地看档案工作为党和政府、经济建设、科学研究和"两个文明建设"提供服务的数量和质量,具体地说就是现代化管理的效用是否符合人民利益、社会进步和建设社会主义事业的需要。

实现管理思想上的革命,要善于学习和借鉴国外先进的管理经验和管理方法,做到"洋为中用"。全体档案工作者,特别是领导干部更应努力学习。只有通晓管理并具备一定的专业知识,才能把档案工作管理好。

(二)管理方法科学化

管理方法是人们为了使被管理系统的功效不断提高,在管理活动中为达到目的所采取的手段、措施、途径等。管理方法科学化,就是由单纯用行政领导和宣传教育方法演变为行政领导、法律、经济、宣传教育、咨询顾问等方法的综合。

按照社会主义事业的需要,从中央到地方建立起档案工作组织系统,通过下级服从上级的行政手段,实现自上而下的业务指导和监督,实现对档案和档案工作的集中统一管理,维护档案的完整与安全,使整个档案工作系统在统一目标、统一意志、统一行动下开展工作,卓有成效地发挥管理职能,各级档案事业管理机关负责领导、决策、计划、组织、指挥全国和地方的档案工作,通过行政组织、行政层次、行政手段以及指示、规定、指令性计划、制定规章制度等方式和方法对各地各单位的档案工作进行干预,因事、因时、因人灵活处理各种复杂的问题以加强和改善对档案和档案工作的管理。在运用行政方法的同时,辅之以宣传教育的方法。

行政方法是执行管理职能的根本手段,任何管理部门离不开它。但是,在管理工作中行使单一的行政手段和宣传教育方法是不够的,还需要与经济方法、法律方法、咨询顾问方法等结合起来。

经济的方法就是在档案工作中讲究经济效益、经济效果,把劳动集体和个人的物质利益与其工作联系在一起,运用经济杠杆的手段来进行管理。经济效益包括向社会提供有用的产品和有效的服务。档案工作的经济效益,主要是以向社会提供档案材料在经济、政治、科学文化等方面效果的大小来衡量其优劣。在注重经济效益的同时,必须重视经济效果。在当代社会里,能提供经济效益的事情很多,关键在于代价如何。经济效果,就是投入的劳动消耗(包括物化劳动消耗和活劳动消耗)与产生的经济效益(包括产品的使用价值和提供的有效服务)之间的比例关系。讲求经济效果,是以最少的劳动消耗获得最大的经济效益。也就是说以最少的人力、物力、财力和时间耗费去最好地完成预定目标和任务。档案工作在管理方法上要建立一套计算和考核经济效果的指标体系,无论是档案的收集、整理、鉴定,或者是检索工具的编制、档案装具的设计和创作、档案库房的建造、各种现代化设备的购置等都要讲求以较少的"投入",产出较多的"效益"。

咨询顾问的方法也是有效的管理方法之一。档案工作的各级领导机构可以建立自己的智囊团、顾问团、参谋班子,任务是向领导献计献策,为制定档案工作方针、政策和规划进行设计,对发展提出预测和评价。在档案管理、干部培训、业务信息等方面,提供必要的事实与情报,起咨询和服务作用。根据档案部门的特点,需要发挥各级档案学会与高等院校在这方面的作用。学会与高等院校聚集了档案工作各方面的专门人才,他们熟悉档案专业,掌握的信息量大,不受行政束缚,可以敞开思想对各种咨询课题发表意见,供各级领导决策时参考。重视和充分利用智力资源将会助推档案工作的发展和理论研究水平的提高。

二、管理机构高效化

管理机构是发挥管理功能完成管理目标的工具。档案管理机构的功能,是对档案工作进行预测和计算、组织和报道、监督和控制、教育和激励、挖潜和革新。具体任务是组织本系统全体人员适当安排各种关系,有效地运用每个组织成员的才能,充分发挥组织系统的力量,达成档案工作的总目标—科学地管理档案,便于党和国家各项工作的利用。实现这一目标,必须充分发挥组织机构的高效能。因此各级档案组织机构应当目标明确、任务清楚、渠道通畅、稳定适应,实行计划管理、信息管理和工作责任制。

(一)目标管理

各省、市、地、县的子系统(包括档案局、馆、室)应有具体目标,总目标要落实到各个部门短期和中期的目标里去,全体档案工作者的视线都应集中在大系统的总目标,并为之努力奋斗。

在总目标的指导下,各局、馆、室的具体目标通过计划落实到任务。每个组织机构的任务要落实到每个人,确定每个人的任务。各组织机构的任务是个人任务的总和,个人任务是各组织机构任务的构成单元。组织中的每一个成员都必须了解个人的任务应该如何配合整个组织的任务,也必须知道整个组织任务对个人的意义。

(二)建立责任制

任务明确后,还必须使组织机构中的每个管理单位及每个成员明确如何完成任务,清楚自己的职责。这就需要建立责任制。建立责任制的目的就是明确规定责任范围,让每一个管理单位和每个人都担起应负的责任。它对于提高工作质量、开创档案工作新局面有着重要的意义。档案干部责任制的内容,根据一些地方的实践经验,可实行分级、分人、分工负责,定职、定责、定权、定考核标准,定期总结评比、表扬先进。

(三)建立健全信息系统

档案组织机构是由若干事物组成的一个有机整体,是一个不间断的流通过程。功效的发挥在一定程度上取决于流通过程的畅通。这个流通过程可分为两个方面:一是人员和财务的流通,称为物质流;一是信息的产生、传递和处理的流通,称为信息流。管理部门的职责就是通过信息流来控制物质流。管理人员通过调查研究、情况的汇报、意见的交换、命令指示的下达等各种方法了解情况,联系工作,指引人力、物力、财力的沟通。档案部门的信息系统还不够健全,只有纵的信息系统,而横的信息系统不够完备,因受保密的限制,档案系统内和系统外的有关部门和相关学科之间很少往来。

只有健全信息系统,采取多种渠道,增强纵向和横向的联系,进一步健全调查研究和统计、汇报制度,建立馆(室)际之间、档案学与情报、图书等相关学科之间的信息网络,洞察县内外、省内外、国内外的档案和档案工作情况及相关学科的发展动态,及时将收集的信息整理、加工,为档案事业的发展作为借鉴依据。只有充分运用信息这个工具才能提高组织机构的效率。

(四)实行计划管理

计划管理是社会主义档案事业科学管理的重要原则,也是提高组织机构效能的有力措施。档案事业的计划管理是根据社会主义经济有计划、按比例发展的客观规律提出并受它制约的。档案事业既不能超越经济基础所提供的条件,也不能长期落后于经济发展的水平。档案事业的建设和发展必须按照一定的计划进行,既要有全国性的大计划,也要有地区性以至一个档案馆(室)的小计划。计划管理比目标管理更为具体,也是把目标管理落到实处的前提。计划的种类可分为短期计划和长期计划、专题计划和综合计划、业务计划(管理计划)等。依据计划办事,可以减少盲目性。

(五)保持组织结构的相对稳定性

组织机构必须具有相对的稳定性,才能充分发挥效能。档案机构若要发挥高效能,全国大系统与各子系统必须相对稳定,无论是局、馆、室都应是实体单位。只有稳定,才能够以昨天的成就为基础规划未来,从事本身的建设,保持本身的连续性。稳定不是不变,而是在稳定的前提下,根据情况的变化和工作的开展随时做局部调整以适应新形势、新要求。

此外,档案组织机构的设置,还应本着行政管理机构要精、业务机构要充实的原则,用最少的人力搞行政管理,把主要的人力特别是学有专长的人员集中到业务机构,搞好业务建设,实现组织机构的高效化。

第四节 档案工作标准化

档案工作标准化,是指在档案工作领域内,由档案事业主管机关或会同标准化的主管机关以及各有关部门协商对档案工作的管理、原则、方法、质量、概念、设施等,制定出科学的、统一的规则和技术规范,并予以贯彻执行进而修订的全部活动过程。总括地讲,就是科学地制定、贯彻、修订各项标准,使档案工作逐步走向规范化、统一化。这是提高档案工作水平和服务效率、实现档案工作现代化的重要条件之一。

一、档案工作标准化的意义

档案工作标准化,对于实现档案工作现代化有着重要的意义,主要表现在以下几个方面。

(一)标准化是实现档案工作现代化的基础

档案工作现代化是建立在先进技术、严密分工和广泛协作的基础上,要求各档案局、馆、室之间,局、馆、室内部各部门之间,各业务工作环节之间既有严密分工又有密切合作。档案事业这样一个复杂的系统单靠行政手段安排是不够的,必须在技术上使工作活动保持高度统一和协调一致。标准化是通过制定和贯彻各种标准,使分工合作有了统一的科学准则和依据,它同时也是不可缺少的技术纽带,它从技术上把各部门、各业务环节有机地联系起来,形成一个统一的有机整体,保证各项工作有条不紊地进行。假若没有统一的标准作为共同的依据,各局、馆、室各自为政、各行其是,其结果必然会出现互不统一、互不协调、互不衔接、互不配套的混乱状况,要实现现代化是不可能的。现代化必须建立在标准化的基础上,现代化程度越高,就越需要标准化,标准化的相应发展,又能促进现代化。

即使到了共产主义社会,仍然需要标准化,从这个意义上说,没有标准化就无法实现现代化。

(二)标准化是实现档案工作科学管理的重要组成部分

所谓科学管理,就是根据档案的形成规律和特点,运用先进的技术和方法,依据各种科学管理制度对档案进行管理,开展各项工作。这就要求在档案工作中建立起符合档案工作特点的档案管理、技术管理、设备管理、劳动管理、质量管理、安全管理等科学管理制度,制定一系列标准,实现档案工作的标准化和科学化,使档案工作的各项业务都按标准要求来进行。所以,各种科学管理制度的形成都是以标准化为基础。例如,制定案卷质量标准,能使组卷工作达到或接近最佳水平,避免来回折腾;制定档案鉴定、保管、检索、提高利用、编制等方面的标准,使档案工作规范化。每做一项工作,都有规可循,有法可依,达到高效率、高质量。因此,要实现科学管理,必须大力推行标准化。

(三)标准化是提高工作质量和工作效率、节约人力物力的技术保证

通过制定、发布和实施标准,使档案工作领域内需要协调统一的重复性事物和概念达到协调统一,以求获得最佳的效益和良好的工作秩序。档案工作中的整理、鉴定、检索、提供利用等工作,在每个档案馆(室)都是周而复始地进行着,虽然在具体的对象和工作内容上有差异,不是简单的重复,但质量要求都是相同的。制定统一的标准,将质量、规格、工作程序统一起来,就可以节省很多重复的不必要的劳动,大大提高工作效率。

二、档案工作标准化的主要内容

档案工作标准化是我国档案工作现代化的一项基础性工作,也是档案学中一个比较新的研究领域。目前对它所研究的内容、范围,还没有统一的认识,尚在探索之中。这里仅提出以下几个方面的要求。

(一)档案工作专业名词术语标准

任何一门专业要阐明其内容,都要使用特定的术语,并且赋予每一个

名词术语以特定的含义,作为彼此交流的共同语言,以便研究和讨论问题。档案专业的名词术语都有特定的内涵,不能任意加以解释。但是档案学毕竟比较年轻,许多名词术语还在探索中。基本的"档案"这一名词的概念讨论过多次,至今在具体表述上仍有不同看法。如果通过制定档案专业名词术语标准,把最常用的一些名词术语和概念明确起来,有一个比较明确的解释,这对统一档案界的认识、繁荣和发展档案科学都有着重要的意义。

(二)代号代码标准

代号代码又称标记符号,它是利用文字符、数字符、颜色、图像来表示一个具体概念。档案工作中的许多著录项目都采用统一的代号代码或缩写形式来加以准确地表示,代号代码的使用,对于档案工作有重要的意义。例如,分类号、档号、档案馆代码等,在档案的整理与编目、科学管理与提供利用、实现档案工作标准化和现代化方面,都具有重要的作用。使用代号代码代替文字,简单明了、易读、易记、易认、易于输入计算机、易于传播和利用,好处很多。档案工作的代号代码标准,主要包括档案馆代码、档案工作的名词术语缩写代码、档案类型与档案载体代码、档案著录的代号代码等。

(三)档案著录标准

制定档案著录标准,是为了建立健全我国统一的档案检索体系,开展档案的报道与交流,充分发挥档案在社会主义建设事业中的作用,经过艰苦努力,已完成国家标准《档案著录规则》的制定工作,并经国家正式批准。

(四)标引语言标准

标引语言标准是指档案的标引和检测语言标准。标引语言标准主要包括档案分类表、档案主题词表、档案分类标引规范、档案主题标引规范等。目前,已完成档案分类表、档案分类标引规范送审稿,争取成为国家标准。

(五)档案收集、整理、鉴定标准

收集、整理、鉴定是基础性的工作。制定这方面的标准,对于提高档案工作的质量、效率和水平都具有重要意义。过去虽然制定了《关于文书档案保管期限的规定》等规范性文件,但数量有限,尚需制定案卷质量标准、案卷封面编目标准、档案整理与分类标准、档案销毁标准等。

(六)档案统计、提供利用标准

档案统计和提供利用工作也应实现标准化。档案统计工作标准,可包括机构、人员、档案馆(室)基本情况的统计、档案工作情况的统计。在统计时间、周期、项目、格式等方面都应标准化。档案提供利用的标准,包括利用范围、手续、保密、阅览、展览、档案外借等标准。

(七)档案工作现代化建设方面的标准

这一方面的标准涉及的面比较广泛,包括计算机、缩微设备以及其他有关设施的一系列标准。如计算机程序语言、计算机接口标准、磁带交换格式标准、缩微复制技术规格标准、档案保护技术设备标准等。

(八)档案装具和库房建筑标准

目前,全国档案部门的档案装具、档案库房自行设计和建造的状况亟待改变。应在充分调查研究的基础上制定出技术先进、经济合理的档案装具标准、档案库房建筑标准。制定库房建筑标准,应考虑到我国各地区的气候差异,在符合保护档案的前提下因地制宜地制定库房建筑标准细则。

(九)档案的制成材料与书写材料的标准

档案的制成材料与书写材料的优劣,是决定档案能否长期保存的一个重要因素。档案的制成材料与书写材料,无论是纸张、胶片、磁带、磁盘以及各种字迹图片材料全部是物质的东西,不断地发生变化。要想延长档案的寿命,必须解决耐久性问题,制定适合档案使用的纸张、墨水、圆珠笔复写纸、胶片、磁带等各种记录和书写材料的标准。

第五章　档案信息化管理的探索

第一节　多载体档案统筹管理

一、档案目录信息统筹管理

无论是电子的还是纸质的档案,无论是手工管理还是采用计算机实行自动化管理,整理、分类和编目始终都是档案工作的重要组成部分,档案目录是各级各类档案馆提供档案服务利用的基础信息,也是实现档案检索和提供档案利用的重要依据,馆藏的传统载体档案中,手写档案目录是最常见的方式,而新归档的各类档案会形成各种机读档案目录,或以Excel、Access、Word的形式,或以关系型数据库格式存储的数字形式的目录信息,为了方便档案利用者,档案馆必须对已有馆藏和以后归档的所有档案的记录信息进行整合,按来源原则或信息分类方式分别进行整理、分类与合并处理,形成能够覆盖各类档案资源的目录信息,并采用档案管理信息系统对档案目录信息实行统一管理,实现目录信息的资源共享和统筹管理。

档案目录信息统筹管理的另外一个含义是案卷目录和卷内文件目录的关联管理,即尽可能将卷内文件目录也实行计算机化管理,并与其对应的案卷目录进行关联。当检索到案卷目录,就可以方便地浏览其卷内文件目录,提高检索的准确度;当检索到卷内文件目录时,也能够很快地定位到它所对应的案卷目录及其所在的库房存址,以方便调卷。

当然,由于档案馆人、财、物等资源的限制,档案信息化工作也是一个循序渐进的过程,不可能做到一蹴而就,因此需要根据业务工作需要的紧迫程度，首先解决重要问题。有些档案馆在信息化实施一开始，注重新接收档案的目录建设和全文管理，而将原有馆藏档案的目录和实物数字化作为二期工程来实施。实力较强的档案馆则将两项工作并行开展，以加快档案数字化处理和信息化利用的效率。无论采取哪种策略和方式，档案信息化最终的效果是将档案馆的档案全部实行信息化统筹管理，既方便档案工作者，又方便档案利用人员，更能为未来档案资源的社会化服务与信息共享奠定坚实基础。

二、档案目录全文一体化管理

档案全文，一方面是指馆藏档案内容的数字化信息，如缩微胶片、照片以及纸质档案数字化形成的静态图像文件，磁带、录像带等经过模数转化后形成的声音、图像等多媒体文件；另一方面是指各机构使用计算机和办公自动化系统等产生的电子文件归档后形成的数字化档案信息。这些全文信息是档案的内容实体，与档案目录信息相比较，档案全文能够提供更详细、更完整和更准确的内容和信息。

我们知道，数字化信息最大的特点是利用的方便性和检索的快捷性，档案馆花费大量的时间、人力、物力和财力开展馆藏档案数字化和接收电子文件进馆的主要目的是方便利用，对于使用频繁的历史档案而言，也起到保护档案的目的。

实行目录全文一体化管理是信息化管理中比较有效的一种方式，其工作原理是首先在档案目录中进行检索，缩小范围，然后再检索全文，以便准确定位查档目标。通常采取的方式是，将档案目录信息采取关系型数据库管理系统实行统一管理，将扫描后的图像文件和新接收的电子文件档案以文档对象或文件形式存储在文件服务器或者内容服务器上，并通过一定的访问规则将档案目录信息与这些文件对象进行关联。在检索到档案目录信息时，就可以浏览和检索全文。如果在信息系统中，还需要按照系统设定的用户对目录和全文的浏览、检索权限进行处理。

实施"目录全文关联归档"，要求档案工作者要转变传统的工作方法，从档案利用者的需求出发,分析档案被利用的范围和特点,遵循档案管理的原则和标准,对部门形成的数字化档案实行即时归档,将"目录全文关联归档"的思想贯穿于电子档案形成的全过程。档案馆的工作人员也要充分利用现代化管理手段,通过网络开展指导、鉴定、归档与管理工作,将工作重点转移到分析档案利用者的需求、开发档案资源的编研与开发、监控电子文件的形成过程,将工作模式从"被动接收"转变为"主动挑选",将真正有价值的、值得保存的电子文件转化为未来社会需要参考和利用的档案资源。

三、档案工作的"双轨制"

"双轨制"是指在文件形成处理、归档、保存、利用等过程中,纸质文件和电子文件二者同时存在,两种载体的文件同步随办公业务流程运转,同步进行归档、同步进入归档后的档案保管过程。

实行双轨制的机构,在文件进入运转程序时就以电子和纸质两种载体并存,业务人员要对同样内容的两类文件进行并行办理。由此看来,"双轨制"的核心是从文件的产生开始就以两种载体形式记录各项社会活动的信息。这些记录中有保存价值的将作为档案进入归档阶段,将纸质和电子的记录同时移交到档案馆。实行这种从头至尾的彻底双套做法是各行各业信息化应用的初级阶段,特别是在《中华人民共和国电子签名法》发布之前,电子文件的法律效力无法认可,电子文件的安全性、真实性和完整性很难得到保障。就网络、电子环境本身而言,每一种新的服务器、存储器、数据资源管理系统的出现都会兼容老的版本或者出台新的数据转换或迁移方法,目的是确保原来的电子数据不失效或可读。

彻底的"双轨制"需要投入很多人力、财力、物力,在电子文件形成过程的管理上也很复杂。因此,很多单位采取了"双套归档"的做法,一种是将办公自动化系统中属于归档范围的电子文件在归档前,制作纸质拷贝,归档时将二者同时移交到档案馆;另外一种则是对纸质的文件进行数字化扫描和文字识别处理,形成纸质档案的电子拷贝。这样,保存的电子文件可以方便网络化利用,纸质文件则主要用作永久保存,有些单位则采用缩微技术,实现档案的缩微化保存。这些做法不可避免地会增加档案馆接收档案和管理档案的复杂性,提高档案管理和保存的成本,但这依然是21世纪档案工作的主流方式。随着时间的推移,档案馆保存的纸质档案和电子档案的比例将会逐渐发生变化,但纸质档案将会在相当长的一段时间内成为馆藏的主要成分。

第二节　文件档案一体化管理

一、文档一体化管理思路

文档一体化强调电子文件全过程管理的连续性和信息记录的完整性,目的是确保有保存价值的电子文件,自生成开始到生命周期活动过程结束的全过程,信息能够获得完全的记载和一致的保存。文档一体化管理的思路体现在以下几个方面:

(一)管理过程的互动性

文档一体化最重要的特点是将现行业务系统的工作与档案工作实现互动与交叉。一方面使档案工作者从文件生成之日起就能够开展鉴定、归档及归档后的管理,通过前端参与和过程控制,加强为社会积累财富的执行力;另一方面也使得开展现行业务活动的工作人员增强了对档案的认知程度,不仅要认识到,只有将有价值的文件完整归档并移交给档案部门进行保管才能算相应的工作真正结束,同时还要意识到,在开展现行业务系统的过程中,要责任明确、注意积累,记录电子文件活动全过程中所有重要的和有价值的信息,确保电子文件的真实性和完整性。管理过程的互动性加强了多方人员工作中的交流与沟通,对形成和积累有价值的、完整的、真实记载社会活动记录的电子档案具有非常重要的社会意义。

(二)应用系统的统一性

文档一体化管理模式的实现是文件和档案共同依赖统一的管理信息

系统,并运行于网络、服务器、数据库管理平台,采取相同的数据、文件存储格式,不同的是管理文件与档案工作人员对信息系统的操作权限有所不同在文件的生成、处理、会签、审批等各业务工作处理阶段,业务工作人员拥有对文件的增加、修改、删除等权限,而档案工作者只有查看、浏览的权限。在文件结束其现行期业务工作之后,进入归档阶段时,由电子文件的归档整理人员进行筛选、整理,而档案工作者则开始履行电子文件的鉴定职能和归档前的指导工作。在电子文件归档形成电子档案后,档案工作者则需要开展电子档案的保管,并为档案形成单位和社会提供档案的服务。应用系统的统一性使得从文件到档案的转变过程中,不再需要数据转换和迁移,保持了文件信息的真实性和完整性,同时也降低工作人员使用信息系统的复杂性,减少了使用过程中的错误的发生率。

(三)工作流程的集成性

在传统的文件管理过程中,文件的形成、归档和作为档案保管与提供利用等环节,都将文件生命周期清楚地划分为三个相对独立的过程,即现行期、半现行期和非现行期,并通过现行业务工作部门、机构档案室和档案馆三个物理位置不同的部门分别完成各自的工作,而文档一体化则将文件、档案的管理流程实现了集成,要求在一个统一的系统内,有统一的控制中心、统一的工作制度、统一的且各有特点又互相衔接的工作程序,将档案著录、鉴定、保存和管理等工作贯穿于文件的形成、流转、会签、批准或签发、整理、鉴定、归档、移交、保存或销毁等各个环节,实现各个过程中工作流程的集成和信息的共享,而且能够根据不同的文件与处理要求定义特定的工作流程,实现流程的优化和个性化处理,提高了工作效率,降低了档案接收和保管的复杂性,避免了信息的多次录入和产生不一致信息的可能性。

(四)业务处理的自动性

文档一体化是在充分信任的网络、计算机和信息系统的数字环境下开展工作,采用信息技术和基于工作流程管理理念实现的自动化信息系统,不仅提高了工作效率,而且降低了错误发生的概率。同时,在一些业务处理环节增加了系统自动处理技术,如电子文件版本信息的自动跟踪、电子文件处理过程中的责任链信息的记录、基于管理规则实现的电子档案的自动标引等,都大大提高了业务处理工作的自动化程度,减少了人工操作的复杂程度。由于这些自动化的处理过程是通过系统进行身份认证之后自动生成并保存记载的,因而大大提高了电子文件整个生命周期活动中信息记载的真实性和完整性。

(五)归档工作的及时性

通过对文档一体化应用系统的广泛使用,档案工作者能够随时对归档范围内的、已经完成现行期使命的文件实行鉴定、整理、归档和提供利用等工作。一旦电子文件的形成机构确认该文件已经结束现行期的历史使命,就完全能够实现即时归档、即时鉴定,避免以往通行的隔年归档中存在的各种问题,如丢失、泄密、滞后等。

(六)安全管理的有效性

文档一体化,一方面使电子文件归档过程变得简单、快捷,自动化程度高;另一方面使人们对电子档案原始文件与档案目录数据实现了同步管理,最大限度地减少了人工的干预,不仅提高了归档工作的效率,更重要的是大大增强了归档过程的规范性和安全性。至于网络和信息系统带来的安全风险,是能够通过上的漏洞,采用自动化手段执法比靠人工执法的安全性要高。特别是在《中华人民共和国电子签名法》颁布实施后,电子签名、数字证书、身份认证等一地安全措施和技术手段的采用,也将大大增强电子文件和电子档案安全管理的有效性。

二、文档一体化实现方法

(一)文档一体化系统业务流程

文档管理的实际办公过程比较复杂,有保存价值的电子文件经过整理、鉴定、审核、移交、归档到档案部门管理后,形成电子档案。

(二)文档一体化系统功能结构

通常情况下,文档一体化管理信息系统的功能包括收文管理、发文管理、归档管理、档案管理等。这几个模块相互关联,内部信息集成化共享。

1. 收文管理

以电子文件的形式处理和记载上级公文、平级来文,用户可根据公文的登记日期、急缓程度、当前流转状态等过程信息快速有效地找到相关文件并进行相应的操作,主要包括收文登记、收文流转、文件催办、流程监控、文件发布等过程。

2. 发文管理

发文管理是处理并转发内部制定的或外来的文件。电子文件起草后,均需逐级通过各主办与会签部门人员的审批和修改,最后提交领导签发,形成正式的公文,然后登记、归档。主要包括发文起草、发文流转、文件催办、流程监控、发布等主要工作。

3. 归档管理

电子文件的归档大多采用以下两种方式:一是通过机构内部局域网的电子公文传输系统从网上实现自动归档,系统通过归档环节后,电子文件的管理权就移交给档案管理部门,成为电子档案。此时,其他业务人员能够按照系统授予的权限查询电子档案,但不可以修改。二是各立卷部门在向档案馆移交纸质档案的同时,上交电子载体存储的各种信息,如磁盘、光盘等。

4. 档案管理

根据国家版本的电子档案归档与管理的相关标准,执行档案的移交、接收、审核、保存、管理、查询、统计以及提供服务利用等工作,档案形成机构可根据档案的信息类别或档案来源建立相应的档案信息资源库,并根据归档年度、归档部门或档案实体分类等建立快速检索机制,方便借阅和提供利用。

(三)电子文件网络化归档的真实性保障方法

整个过程包括电子文件归档产生的数字化档案信息的形成、归档、管理和利用四个重要阶段,每个阶段都需要采取各种策略和方法保障档案信息的真实性。

三、文档一体化深化应用的要求

(一)提高认识、统一思想是文档一体化管理的基本要求

文档一体化的实质是将机构各部门相对分散独立的文件与档案统一为一个有机的整体进行管理。这不仅能够加强档案部门对文件管理的超前控制,保证档案的质量,而且能够实现文档数据的一次输入,多次利用,减少重复劳动,节约人力、财力、物力和时间。然而,要想真正实现文档一体化管理,对档案工作者而言,特别是档案部门的领导,必须对文档一体化管理理念有一个全面、客观、科学的认识,并达成共识,充分认识到一体化管理的真正受益者是档案工作者自身,认识到新形势下文档一体化的必要性和紧迫性,认识到这是时代赋予当今档案工作者的使命,只有这样才能够顺利推行文档一体化管理,加强自觉性,使他们面对困难,不逃避、不退缩,勇于接受新鲜事物,逐步实施和应用文档一体化管理模式来开展各项业务。

(二)加强电子文件管理的标准化与规范化

文档一体化管理,使电子文件与电子档案之间的关系更加密切,把二者放在一个综合的管理系统中,作为前后衔接、相互影响的子系统,统一地组织和控制整个文件生命周期的全过程。由于文件管理与档案管理的这种前后相承的关系,文件管理直接关系到档案管理的存在和发展,只有文件管理做到标准化、规范化,档案管理才能够顺利地展开。

(三)加强培训和继续教育,提升档案工作者的综合素质

文档一体化管理要求档案工作者不仅具有档案学基础理论知识及专业知识,还必须掌握现代信息技术,熟练运用计算机及现代通信设备来操作网络化管理信息系统,要求档案工作者不断调整自己的知识结构,提高技能,加强综合素质的培养。

第三节　档案资源多元化利用

一、档案资源的社会化利用

在信息社会和知识型社会迅速发展的 21 世纪,在档案信息化建设与发展的众多方面,无论是技术手段、还是信息资源的有效积累和广泛利用,都必将以档案信息资源的整合、集成、共享、利用作为出发点和落脚点,以传承人类文明、共享信息资源,实现社会的可持续健康发展。

(一)档案资源的知识化积累

档案的形成(鉴定、收集、整理与归档)是从个体知识到组织知识,再到社会知识转换的文化积累、动态跟踪的历史记载过程,档案的开发与利用(编研、开放、发布与利用)是人类传承文明、创新发展的过程。这两个相互衔接、彼此推动的过程循环往复、推陈出新,构成了人类社会的知识化增长和社会化自适应的档案资源不断丰富的过程模型。这表明了档案文化通过"传承—积累—发展—传承"这样一种类似于文化加工厂的生产工序,随人类自身的繁衍而形成民族文化生生不息、无始无终的传承环链。

(二)档案资源的共享化利用

社会信息化使档案信息资源面临着一个全新的生存环境与发展空间。档案应该记载"人类生活的方方面面"。档案工作者要"创造一个反映普通百姓生活喜好、需求的全新的文献材料世界",档案馆藏是反映"人类生活的广阔领地"。因此,档案资源唯有回归社会,得到最大限度地利用,才能体现档案保管的价值和作用。事实告诉我们,实现档案信息资源的集成化管理和共享化利用是档案贴近公众、服务社会的最佳解决方案。

要实现档案信息资源的共享化利用,必须在档案基础数据库的建设上下功夫。因此,研究档案基础数据库的元数据标准集、数字化档案信息的格式规范以及档案基础数据库的建设思路和方法、各类结构化和非结构化档案数据的组织、存储和检索利用的关键技术、整合方案、提供检索服务和共享利用的有效机制等,将成为当前档案馆信息化建设重要的基础性工作。

(三)档案信息服务机制变革

随着全国各行各业信息化进程的加快,档案馆信息化应用也逐渐走向更广、更深的领域。档案信息服务将不再拘泥于传统的、单一的方式,将会有所创新,趋向多元化发展。

1. 服务方式由被动向主动转变

要改变传统的被动服务方式,积极主动地开展档案信息服务长期以来,在档案信息利用上,总是遵循一种传统的服务方式——"等客上门。"而档案信息服务方式也必须考虑到档案的特性,"送货上门"也是不行的,不符合《中华人民共和国档案法》的基本要求。档案信息的主动服务方式应该是"请客入门"。

2. 服务手段由传统型向现代化转变

信息技术、数据库技术以及多媒体技术的发展使得档案信息服务手段发生了巨大的转变。借鉴相关学科数字化发展的研究成果,实现档案管理现代化应借助于数字化综合管理信息系统,把分散于不同载体、不同地理位置的档案信息资源以数字化的形式储存,以基于对象管理的模式管理,以网络化的方式互相连接,从而提供及时利用,实现档案信息资源共享。我国是发展中国家,经济和技术条件的制约决定了档案管理手段转变的长期性,传统的档案馆信息服务技术与服务手段将得到一定程度上的扬弃,将以新的信息传播循环方式提供档案信息服务。

3. 服务内容由单一型向多元化发展

通过网络等信息技术与其他档案馆、信息机构及整个社会信息资源建立起紧密的联系。其信息服务将增加新的内容,诸如档案信息资源网络化组织管理、档案信息资源的网络导航、档案信息的数字化开发与提供利用、档案用户的教育培训等。例如,在档案利用者的教育培训方面,就要在对利用者进行传统档案检索和获取方式的培训基础上,重点帮助利用者学会如何利用数字化的信息资源、如何选择档案信息数据库、如何从网上获取所需的档案信息、如何操作远程通信软件等。档案信息组织方式、检索方式、采集方式,较之其他类型的文献信息来说,具有复杂多样、技术含量高、对利用者信息能力要求高等特点,而我国熟练使用档案信息的人很少,所以对档案利用者的信息检索能力、信息获取能力、信息筛选能力、信息识别能力的培养是档案信息服务的一项重要内容。

4. 档案资源由封闭向开放转变

在网络环境下,档案馆信息服务资源已不再仅仅局限于馆藏档案信息量等指标,而是着眼于档案馆获取档案信息、提供档案信息的能力。所以,档案馆在充分开发利用本馆馆藏档案信息外,还必须通过网络检索利用其他档案馆馆藏信息和网上信息资源。建立档案信息资源的现代化管理系统,将档案信息纳入计算机网络,从而达到最快捷的信息资源利用效果。通过网络等信息技术实现档案信息价值的最大化,并最终取得档案信息服务于社会的最佳效果。这需要一个过程,从单机操作到建立档案管理信息系统网络、连接有关信息机构网站,最终并入国际互联网。从我国现实情况来看,这将有一个长远的过程,然而这必将是档案馆信息服务发展的终极目标。

5. 档案资源由单一型向多类型转变

档案馆提供的单一信息服务的资源是以收藏纸质档案为主要内容。在网络环境下,档案馆综合信息服务模式的服务资源则要朝着多种载体形式并存的方向发展,包括各种电子文件、光盘、多媒体、缩微载体和声像载体等,尤其要增加数字化馆藏资源的建设。网络环境下的数字档案馆所拥有的完整的馆藏含义应该是"物理实体馆藏+数字化馆藏"。

我国档案馆在档案信息数据库建设方面的任务是:在保留传统档案文献的同时,应通过协作与协调,在一定程度上对馆藏资源进行数字化,要注意将各馆独特价值的馆藏文献数字化,制成光盘或上网传播,使各馆上网信息独具特色,并在此基础上形成一个档案信息网络。

二、馆藏档案数字化应用

为适应公众网络化查档和档案信息化管理的多元化需求,馆藏档案数字化应用系统的建设已成为现代档案管理的一项重要内容,对档案工作者而言,这也是一项全新的任务,需要在充分认识到馆藏数字化重要性和必要性的基础上,采取有效的策略和方法,开展馆藏档案数字化系统的建设和有效使用。

(一)馆藏档案数字化的意义和任务

档案信息资源的开发与利用是现代档案工作的重中之重。档案作为一种特殊的文化资源,是国家信息资源的重要组成部分,它的开发与利用具有非常广泛的社会价值和实际意义。馆藏档案数字化工作主要包括两项任务:一是将传统载体档案目录进行数字化,二是将档案内容进行数字化。

(二)馆藏档案数字化的思路与方法

1. 做好馆藏档案数字化的前期基础工作

需要对哪些档案进行数字化,采取什么方法来开展,数字化加工需要购买哪些设备,除此之外还需要做哪些准备工作以及如何做等,都是馆藏数字化的前期基础性准备工作。

(1)做好可行性论证

要根据档案利用的需要、资金情况、馆内人员知识结构、馆内软硬件平台、馆内信息化应用现状等基本状况,在充分了解和认识馆藏档案数字化系统建设的复杂程度和技术要求之后,做好馆藏数字化系统建设的可行性论证工作,确保系统建设自始至终不被中断,确保数字化后的档案信息能够真正使用起来,见到实效。

(2)选择数字化加工方式

数字化是保管档案过程中所做的一项技术性较强的现代化处理工

作,这对习惯了传统管理工作的档案工作人员来说,具有较大的难度。因此,需要提前做好规划,明确系统建设的实施方案。主要包括馆藏档案数字化系统分几个阶段完成,每个阶段的任务和目标是什么,应对哪些档案做数字化加工和处理,数字化加工处理过程中的安全控制、进度控制、质量控制和成本控制等过程中应采取的方法与策略,数字化后的档案信息如何与现有的计算机信息系统实现集成,如何发布档案信息以提供利用,如何解决备份和长久保存等问题,这些都需要提前做好解决方案,并在档案工作人员和数字化加工协作人员之间达成共识后,才能开始工作。

(3)筹备和落实资金

数字化加工的任务单靠档案馆的人力很难完成,往往需要采取商业化的运行模式或外协加工。另外,加工完成后,还需要购买网络化存储设备提供档案信息服务与利用,需要购买各种存储介质进行数据备份,而且数字化加工过程还需要购买保障安全的监控设施和扫描设备,系统实施后还需要聘用系统管理和数据管理人员开展大量运行与维护工作。建立馆藏档案数字化系统需要的资金大概包括以下几个部分:

(1)扫描并且进行全文数字化加工的费用。

(2)数据发布系统的购买费用,包括全文检索、模糊检索、多分类系统、图文美联、元数据编辑器等功能。

(3)购买服务器的花费。

(4)进行馆内人员培训、引进网络管理员和系统管理员等都需要资金。因此,在进行馆藏档案数字化之前,应在资金准备上给予充分重视。

2. 确定数字化加工的协作模式

档案内容数字化工作包括数字化预加工和深加工两步。预加工是能够将纸质档案、照片档案、缩微胶片等转变为电子图像文件,不能将纸质档案上的文字信息进行完全处理;深加工则是利用技术含量较高的 OCR 和语音识别等处理技术获取载体档案中的文字信息,以利于提供全文检索。

3. 保障数字化档案信息的真实性

在馆藏档案数字化过程中，数字化档案信息的真实性、完整性保障主要体现在档案实体的扫描加工和档案目录的数字化两个方面。

(1) 扫描加工过程中的真实性保障

馆藏数字化档案信息在其形成、管理和提供利用的过程中，制定保障档案信息真实性的规章制度是非常重要的，各个阶段的安全保障侧重点不完全相同。

(2) 数字化档案目录信息的真实性保障

数字化档案目录信息一般都存储在数据库文件中，它的安全性主要取决于数据库管理系统自身的管理能力。它的真实性主要取决于档案管理员"依法管档"的严格程度。这一部分数据是管理人员根据档案原件提取出来的、用来描述档案原件核心内容的元数据信息（也可能是电子文件自动归档过程中通过预先设定的规则自动生成的、描述文件属性的元数据信息），但这一部分信息并不像档案原件那样具有凭证性作用，它只是为了方便管理和快速检索而形成的，并且在以后的管理过程中某些信息可能会改变。

4. 加强数字化档案信息的整合与集成

馆藏档案数字化和电子文件归档后，产生了大量的数字化档案信息，如果只将其刻录于光盘或存储在磁盘中，不提供系统化的档案利用服务，是错误的和无意义的，也不是馆藏档案数字化的真正目的所在。一些档案馆在开展数字化之前就使用了档案管理信息系统来管理档案的目录信息，并在馆内提供档案目录信息的检索服务，也有一些档案馆在开展数字化的同时也建立起电子文件归档系统，收集电子文件并整理其目录信息，还有些是将馆藏档案数字化作为档案信息化的启动工程。但无论是哪种情况，都需要处理好当前档案馆面临的电子文件归档、馆藏档案数字化和对传统载体档案管理的业务关系，将这三项主要工作形成的数字化档案目录信息和档案内容对象实行同步管理，对于电子档案有纸质备份的或纸质档案有数字化拷贝的，都需要做关联处理，做到同一档案内容的一致性管理。否则,在档案馆分别建立电子文件管理系统馆藏档案数字化管理系统、纸质档案管理系统,必然会造成系统间数据重复,甚至不一致,从而增加管理的复杂程度。

5. 保障数字化档案信息的存储安全

数字化档案信息的安全管理是档案信息化应用的前提条件。档案安全管理的重要性是由档案本身和档案管理的性质决定的,档案信息化建设必须充分考虑电子环境、应用系统和档案数据存储等方面的安全问题,要正确处理方便、高效使用与安全管理的关系,不能因过分考虑安全而限制了档案信息的网络化传输与使用,这样将大大降低网络化应用系统的使用价值。对于数字化档案的网络化存储系统,一方面要求使用带自动备份功能的专用服务器和数据库管理系统,能够配置备份作业计划并安全执行,如光盘库、磁盘阵列、专用网络存储设备等,对备份信息能够实现数据的迁移和方便的恢复;另一方面也应同时使用安全介质备份,定期刻录(复制)备份信息,实行异地保管。

6. 提供数字化档案信息的方便利用

馆藏档案数字化的一个根本目的是方便利用,如果将数字化后的图像刻录成光盘存放在库房中,与纸质档案采用同样的管理方式,那么数字化的效果就很难体现出来。只有真正将档案的数字信息放在网络环境中,提供网络化的高效服务,才能确保投资有收益。

第六章 档案管理信息系统建设

第一节 档案管理软件的开发与应用

现代科技和生产的发展使得档案的数量急剧增加、档案利用率不断提高，传统的手工整理、档案检索已经越来越不适应现实，如何以较少的人力、物力更好地整理、加工档案信息，为利用者提供准确、快捷的服务，已成为亟待解决的问题。计算机具有运算速度快、精确度高、逻辑判断能力强、存储量大、容易操作、能够实现网络化多媒体管理等人力所无法达到的优点，利用计算机管理档案，正是解决这一问题的有效的方法。

一、计算机在档案管理中的应用

计算机可以在档案管理业务过程各个环节都发挥一定的作用，但是，档案工作对计算机管理系统的首要要求是利用计算机来管理好档案的组织架构以及信息内容，以方便查询，所以编目管理，即目录管理，是计算机管理系统的核心功能。

计算机管理系统在档案业务中还包括以下内容：档案的收集、档案的整理、鉴定销毁、档案保管、档案检索、档案利用、档案统计、档案编研、数据交换、光盘发布等。

(一)档案计算机管理重在制定标准和丰富数据源

我国档案计算机管理刚刚起步时，遇到的问题很多，如计算机的选择、应用软件的开发等。而实践证明，设备问题固然重要，但最关键的还是如何保证档案机读数据的质量和数量。所谓质量主要是指按照标准和规范对档案信息进行的加工处理，即档案信息处理的标准化问题，而数量则是指应尽快地把能满足应用的较充足的数据装入计算机。搞好标准化,才有现代化,这是经过实践获得的重要经验。在此基础上才会有通用性强、可以满足多种应用的计算机软件。在档案计算机管理的发展过程中,可以看到某些单位的计算机几经更新,越来越先进,而应用效果却很晚才见到;不少单位同时开发制作着功能类似而互相难以通用的软件。原因就是标准化水平不高和数据量不足。与计算机的快速发展相比,标准的制定相对要缓慢一些,尤其是由一系列标准构成体系从而实现标准化,周期就会更长。我国从1985年开始公布了第一批档案工作标准,到20世纪90年代初,与档案管理自动化有关的标准才做到了基本配套,且数据量也日益充实。此时,档案计算机管理应用的效果才逐步显露出来。积极支持、倡导和从事标准化工作,为增加档案机读信息而努力工作的档案工作者,可谓功不可没。

(二)档案计算机管理要不断跟踪新技术的发展

可以说,几乎计算机技术的每一项新进展,都在档案管理现代化中引起了反响,并被用于新的工作环节,解决了档案工作中一个又一个问题。从基于机读目录的自动编目、联机检索,发展到借助光盘存储器的档案全文信息存储与检索;从一般文件信息处理,发展到录音档案、影像档案等多媒体档案信息的处理;从一般的档案管理软件算法,发展到使用属于人工智能应用的知识库技术和模糊集合运算技术,解决了一些传统性难题;从人工著录标引,发展到自动著录标引;从单纯的档案信息检索、利用管理,发展到档案管理的各个环节;从专用软件发展到基于标准化系列的通用性软件和商品化程度较高的优质软件;从较封闭的单机和局域网应用方式,发展到档案与图书、情报信息共同运作的广域网工作方式,以及将部分档案管理信息连接进入国际互联网络;从一般的科技档案管理,发展到以计算机辅助设计、计算机辅助制造为基础的包含科研、生产全过程的信息综合管理等,各种应用进展举不胜举。可以预见,随着计算机技术的进一步发展,还会有更多的新应用出现。

(三)档案计算机管理要适应资源共享的需要,建立综合性网络数据库

随着档案计算机应用的普及,档案数据库已从内部库、局域网库开始发展到办公自动化、图书资料和科技信息等综合性网络的共享库的建立。档案计算机管理应用是从自建自用内部机读目录数据库起步的。到20世纪90年代初期,应用计算机的单位普遍建立了档案信息管理的局域网,而且一些部委、省、市及大型企业单位的档案管理局域网还加入了办公自动化或行业体系的广域网,形成了较大的互联网。由于实现了多种信息的共享,网上用户的信息拥有量变得极为丰富,改变了以往孤立的档案信息系统中常见的应用方式封闭、数据量少和效益低的状况。

(四)档案管理的多媒体信息处理已从技术探索逐步向实用化发展

档案部门从1992年开始进行多媒体技术的应用研究,目前已经在档案馆指南、多媒体档案信息管理两种应用方式上进入实用阶段。一些已投入使用的多媒体系统,可以为用户提供该局的办公引导、测绘管理、业务信息查询等服务,图、文、声、像并茂,使用方便,形象生动。随着计算机网络的多媒体化,网络的基本工作方式和运作功能也正在朝着多媒体化方向发展。有一些办公自动化网络带有多媒体视频会议功能或多媒体电子文件处理及归档功能。

(五)档案计算机管理促进了软件市场的发展

档案计算机管理促进了软件市场的发展,而软件的商品化又促进了计算机应用的普及。从20世纪90年代开始,出现了以较完善的标准和规范为依托的通用化及商品化趋势,并开始形成较丰富的软件市场,对档案管理中的计算机普及起到更大的推动作用。

二、档案管理软件应遵循的原则

(一)标准与规范性

档案管理软件应遵循档案的相关标准,包括著录标准、信息分类和主

题词标引规则、整理标准、数据交换标准、电子文件存储标准等。

(二)灵活性

灵活性、标准性、规范性是辩证统一的。国家、行业、地方标准存在一些差别,系统只有具备一定范围的灵活性,包括灵活的实体分类、标准著录与动态著录、报表灵活设计与输出等,才能适应各种标准。在配置的灵活性方面,要允许用户选择操作系统、数据库、单机网络环境、体系结构等。

(三)可扩充性

随着业务的发展,用户会有新的需求,包括新的档案管理方式、更高级的计算机体系结构、更大容量的存储要求等。档案管理软件必须能够方便地扩充,才能满足新的业务需求。

(四)安全性

存储的安全性:数据需要长期保存,数量大,数据整理和录入花费巨大,系统必须提供多种存储备份方式,保证数据的安全;数据要有相应级别的安全管理措施,防止被非法修改、删除,保证数据的原始性。

存取的安全性:档案数据中涉及单位和国家的机密,系统必须提供访问的权限控制。

传输过程中的安全性:档案数据在传输过程中要保证安全。

(五)检索效率

检索方式:档案最大量的应用在查询,查询用户水平参差不齐、思维习惯各有特点,系统需要提供灵活的检索途径和方式。

检索速度:随着系统使用时间的加长,档案数据量不断增大,系统要保证数据量的增大不会降低检索速度。

(八)开放性

档案产生于各业务部门,计算机档案管理系统与许多系统之间都存在必然的联系。档案系统中的数据要能和其他系统无缝衔接,如办公自动化系统、计算机辅助设计系统等。

(七)易用性

档案数据各种操作都应当便于掌握,易于操作。

三、档案管理软件功能要求

在功能设置时,考虑了不同类型的档案管理对软件功能的要求存在一些差别。如机关档案管理侧重于档案管理与文档一体化功能;企事业档案管理侧重于档案管理与生产、经营、管理、科技活动的衔接,如计算机辅助设计的CAD电子文件和光盘存储及其他技术性档案的管理等;综合性档案管理侧重于档案保管、利用统计、借阅管理等。

(一)对数据管理功能的要求

在规定了常规的建立、修改、删除等功能基础上,还专门确定了数据应采用DBF格式,因为这种数据格式被所有主流数据库管理系统兼容。此外,还从使用角度规定图纸幅面为A0、图纸处理精度为200dpi,这些指标的确定一般是满足应用要求的下限,利于实现合理的技术设备的成本投入。另外,还对其他种类的信息的格式也做了规定,如文字型信息采用XML文档和RTF、TXT格式,扫描图像数据采用JPEG或TIFF格式,视频数据采用MPEG、AVI格式,音频数据采用MP3、WAV格式等。这些格式的确定为档案信息的传输、交换和长期保管及有效恢复创造了条件。

(二)对整理编目功能的要求

这部分功能要求突出了文档一体化的管理,对电子文件自动归档操作中包含的主题词设置、自动标引及归档涉及的封面、表格自动打印等作了规定。这些规定把计算机辅助档案管理中已实用化且可以高效率完成的功能正式确定下来,有利于发挥计算机的效能。

(三)对利用查询功能的要求

这是计算机辅助档案管理中最常用的功能。为适应现阶段技术水平并兼顾近期发展,对全文检索和图、文、声、像一体化检索功能提出了要求。

(四)对辅助实体管理功能的要求

这部分功能对综合性档案馆、机关、大型企业和企业集团档案管理部门而言是很重要的。规定的功能包括档案征集、接收、移交、鉴定、密级变更处理等,还要求对上述处理的时间、来源、数量、种类、载体、人员等进行管理。这些功能有利于把与此相关的工作较系统地纳入计算机的自动处理流程。

(五)对安全保密功能的要求

为确保档案信息的安全,要求档案管理软件的研制、安装、运行必须符合国家的安全保密规定,使软件系统达到相应的安全保密等级,以确保在安全基础上采用新技术,提高工作效率和工作质量。

(六)对系统维护功能的要求

这部分功能主要是针对保证系统的可维护性、可运行性设定的。其中的权限管理、运行日志管理等,不仅是重要的安全措施,也是使软件系统适应电子文件管理的重要要求,兼顾了软件对电子文件管理发展的需要。

四、档案管理软件的筛选与测评方法

(一)测评目的

我国档案管理软件的开发与应用已经有十几年的时间了。据有关部门的不完全统计,我国各部门先后开发的计算机档案管理软件接近1000个,其中仍在使用的软件不少于400个。每年仍有数十个新开发的软件被推出,其中有不少称为通用型软件。有如此丰富的软件资源可供各级各类档案管理部门选用,应当说是很可喜的事。

在当前除了加快制定和完善标准之外,还可以采用其他一些办法,如积极促进档案管理软件市场的发展,凭借优胜劣汰的市场规律来改善软件质量,扩大优秀软件推广面,并起到抑制重复性开发、节约人力和财力的目的。软件测评工作就是力图筛选出工作平台新、通用性强、兼容性好、质量有保证的计算机档案管理系统。

(二)测评方法

档案管理软件的测评遵循一套以质量认定为主的规范化的方法。测评涉及的功能度、兼容性等8个方面,是在与国际标准、国家标准及其他一些关于软件开发的常用技术规范总体兼容的情况下,根据计算机管理档案的要求进行归纳确定的,指标得当、包容面宽,既适应计算机技术的发展,又适应档案管理的实际情况。

1. 功能度测评

功能度测评主要是考察软件的实际功能与其标称功能的吻合程度,及该类软件应具有的常规功能是否齐全。例如,有的软件标称的档案自动标引功能就把处理速度描述得很快、正确率说得很高,但是实测时因达不到指标就要被扣分。而另一些软件则把这类功能指标、运行的限定条件和注意事项等描述得较为客观、清楚,这样就较少被扣分。有的软件尽管内在功能不错,但由于开发前调研论证不够充分,忽视了某些常用功能,推广起来会遇到问题,因此也会被扣分。例如,对于文书档案一体化的软件,就应把计算机辅助立卷、文书与档案机读目录格式的互相转换等功能作为常规功能。

2. 兼容性测评

兼容性测评主要是考察软件在其所标称的多种硬件或者软件环境支持下的运行状况,以及该类软件在所推广应用的范围内的常见机型上能否正常运行。例如,一些带有光盘设备的图文系统,除了主机有选择余地外,像扫描机、光盘驱动器等必须专配,在兼容性上就打了折扣。对于网络系统来说,还要求图文信息的传递转换设计周到合理,才能体现出较好的兼容性。另外,从测评的情况看,为保证兼容性,使用的软件工具和平台并不是越新越好,应当在成熟性和先进性上统筹考虑才较为合理。

3. 速度测评

速度测评主要是考察软件运行中的数据库打开时间、数据查找时间、数据删除时间、索引时间、数据汇总时间、报表生成时间、打印时间,以及完成编目、联机检索、图文传输处理等特定功能目标所需要的时间。速度指标主要是从档案管理的实用要求来确定的,同时还要兼顾计算机技术的发展情况。

4. 易用性测评

易用性测评主要是考察软件的易安装性、易操作性、操作引导的清晰程度、在线帮助信息的完整性、人机对话界面的合理性和易懂性、用户自定义功能的便利程度等,在实测中发现这类指标常被扣分,而且商品化程度高的软件与主要是自己用的软件在这项测评中的差距很大。值得软件开发者注意的是,以前那种由开发单位派技术人员上门安装调试,为用户办班授课推广软件的方式已经跟不上时代发展。一些开发经验丰富的公司和新技术掌握较快的大学、研究机构所提供的软件,在这项测评中占有较大的优势。推广的实际情况也反映出,易用性好是用户乐于接受该软件的重要条件。那种具有自动引导安装、自我说明完善、在线帮助完整、操作简便的软件是软件商品化的一种标志。

5. 容错性测评

容错性测评主要是考察软件对各种误操作及不合理使用方式的屏蔽和示警能力。近几年开发的软件在容错性方面的进步是很大的,送测的软件在这项测评中多数有较好的表现,尤其是对于档案数据录入中的误操作及属性自动识别和限定功能,已经是一种常见的容错性设计。分析起来,这种情况也可能是软件开发者对所使用的工具软件或平台缺乏深入了解,过分依赖这些环境提供的出错处理功能造成的。

6. 安全可靠性测评

安全可靠性测评主要是考察软件对非授权用户的识别与抵制、对网络非法用户侵入的防范、口令密码设定与管理的严密程度、数据传输加密和解密的安全性、对极限使用方式和极限环境的适应性、硬件和软件运行的故障率等。实测中发现,多数软件考虑到了这类功能,但是又或多或少存在问题。一些系统设置的对使用过程自动记录和建档的日志功能很好,但对这类信息也应做加密处理,并采用隐蔽性保护措施,防止被破坏。而网络系统的安全可靠性设计上问题就更多,这是因为网络上的信息库必须按共享要求设计,提供公共接口、遵守通信协议等,而许多设计者对网络的安全隐患的严重性缺乏足够的认识。

7. 数据结构的合理性测评

数据结构的合理性测评主要是考察软件所建立的数据集的逻辑结构和物理结构,在满足功能要求的情况下是否合理,并与《档案著录规则》等国家标准是否兼容,数据操作是否简捷、高效,是否节省存储空间,操作权限是否明确,网络环境中的数据集分布与流动是否合理等。数据结构设计得好坏往往决定了系统整体技术指标的高低,这也是档案管理软件的重点测评项目,原因是档案信息量很大,只有做到数据的逻辑结构和物理结构均合理,才能保证系统高效、可靠。

8. 资料的测评

资料的测评主要是考察软件操作使用所必须具备的资料是否完整、清晰、可用性强。软件开发过程中生成的资料不作为测评重点。其实在实测中,通过对操作手册的检验也可以间接看出软件的开发是否规范。这项测评也可以说是区分商品化软件与一般自用软件的标志。通过送测的资料,可以在某种程度上区分软件在论证、开发、调试、维护等方面的差别。那些管理科学、工作程序严谨、技术水平较高的软件,在资料测评中均会有较好的表现。

(三)软件测评的作用

1. 为软件的推广提供了可靠的依据

国家档案局在筹划和开展测评工作时,明确地把着眼点放在软件的筛选和推广上。通过这项工作的实际开展,确实起到了这样的作用。经过测评筛选后,达到优秀和良好等级的软件,无论是内在质量,还是展示出来的外在形象,都体现出较高的水平。组织这项工作的国家档案局科技成果推广部门也认为测评是成功的,获得的结果让人信服,对筛选出来的软件进行推广感到有把握。

2. 对软件开发起指导作用

实际情况是,与其说测评是对软件开发结果的评价,不如说是被测软件进行改进的起点和过程。一些软件开发单位在送测前就详细地了解了测评的内容和要求,送测后又对测评中发现的问题认真地修改,然后继续送测,使测评实际上成了提高软件质量的重要手段。实测中能一次达到优秀的可能性极小,最终能达到这一等级的几个单位都体现了精益求精的态度和坚韧不拔的精神。

3. 对软件的商品化起促进作用

商品化的档案管理软件应当是什么样的?通过测评方法的制定,为其提供了较规范的模式。可以说,测评方法将影响今后档案管理软件的开发工作,使"手工作坊"式的软件开发向规范化、集约化、社会化的方向发展。当高质量的商品化软件大面积推广之时,那种低水平重复开发软件的现象自然会得到抑制,这将大大节约档案部门的人力和资金,产生良好的社会效益和经济效益。

五、档案管理软件的组织体系结构

系统体系结构从整体上说是二层结构与三层结构的结合,应用层与业务处理层的相互渗透较深。系统基本上采用组件技术进行系统的构造,系统组件分为核心(基本)组件和扩展组件,组件的整体设计思想是:对业务中基本的、一致的处理进行分类、提取,成为核心组件;将各个独立的、不一致的处理提取为扩展组件。核心系统主要是通过组装核心组件形成的;扩展的产品系统通过核心组件与扩展组件的组装而成。

系统化的复用将为软件企业在竞争日益激烈的市场上赢得有利的地位,因此,对软件复用的研究和实践,引起了学术界和产业界的高度重视。直接面向系统化复用而提出的"领域工程",也成为目前软件工程领域的一个重要研究方向。一般认为,领域工程是为一组相似或相近系统的应用工程建立基本能力和必备基础的过程,它覆盖了建立可复用的软件构件和构架的所有活动。领域工程实施的目标是产生 DSSA,即"专门领域软件体系构架"。DSSA 最外显的组成部分是"应用构架库"和"软件构架库"。

六、档案计算机管理的发展趋势与对策

(一)档案计算机管理的网络化趋势

档案计算机管理的发展,是计算机等新技术的社会化发展大环境中的一部分。20 世纪 70 年代,随着计算机存储容量和运算速度的增加,人们认识到计算机其实是信息处理机。到 20 世纪 80 年代初,又有人提出网络就是计算机,或者说网络才是真正的信息处理机,不过这个认识直到 90 年代初才被大多数人所承认,原因是这时计算机网络有了全球性的发展,在短短几年中就几乎深入到世界的各个角落。用户上网意味着其信息拥有量迅速扩大。上网用户可查找的信息量无疑是天文数字,何况互联网络还正处在高速发展的过程之中。档案工作者面临两个问题,一是如何依托网络丰富信息资源,扩大其视野;二是如何突破封闭的管理模式,把应当开放的档案通过网络及时提供给社会。

(二)电子文件增加迅速

随着计算机应用的普及,各类电子文件的数量增加很快。CAD 电子文件的管理方法研究已纳入国家重点支持的科技进步计划,进展较快。与此同时,国家档案局也积极推动了对于办公自动化电子文件归档管理方法的研究工作,并取得了初步进展。

(三)与档案计算机管理有关的一些新技术的发展

语音识别、文字扫描模式识别、超文本和超媒体信息处理等方面的应用,已逐步从研究阶段进入实用领域。计算机的每一项新的技术发展,几乎都会在档案管理中找到用武之地。档案信息的多样极其巨大的数量,为新技术的应用提供了广阔的天地。

(四)计算机多媒体技术的发展

计算机多媒体技术的发展很快。随着多媒体计算机的普及,多媒体

互联网络的发展也加快了速度。

(五)新型计算机技术的发展

随着技术的发展,信息技术和电脑技术还会出现新的飞跃。各种功能奇特、先进实用的电脑,将会使人们的工作和生活更加方便快捷、多姿多彩,同时也会给档案工作带来更多、更大的变化。如高性能、低能耗计算机的普及;智能化计算机的开发应用;便携式办公系统的推广;新型高密度、高可靠性存储设备的应用等。

需要研究的问题和对策主要包括以下七个方面。

1.加强领导和统一规划

把以往各单位分散的小系统设计转变成多单位、多部门,甚至全国性的基于大系统工程的社会行为。做到以档案行政主管部门牵头,结合科研、教学等多方面的配合,将有限的资金和技术力量调配好,实现以下目标。

第一,从技术开发到推广应用,形成有机联系在一起的多层次结构。

第二,在标准化方面,由针对某事的独立标准,形成集信息处理、设备选用、技术开发等多方面结合的立体化结构。

第三,在技术人才方面,由相对封闭的"档案工作者与非档案工作者"的简单划分,转变为"参与档案工作的"社会化观念,寻求更为广泛的社会服务和技术支持。只有如此,才能使当前的"人才危机"问题得到根本解决。

2.计算机应用的普及给档案管理的基础工作和管理方法带来巨大影响

计算机在档案管理中的应用不仅带来了高效率和高质量,也改变了档案工作的传统方式。一些单位由于用计算机直接管理文件级档案,产生了是否还需保留案卷级管理的问题;有些部门应用计算机管理档案,根据新的《归档文件整理规则》改革了文件整理方式;档案电子化带来了某些原件是否需保留的问题等。

3.档案计算机管理网络安全问题的严重性及其对策

随着网络化的发展,档案信息的上网管理及其安全性、可靠性、加密技术、"防火墙"技术,以及档案信息与其他信息资源和处理软件的兼容性等问题日益突出,网络安全问题已成为限制其发展的最大障碍,怎样妥善解决这类问题将成为今后的研究重点。依据经验,对于电子文件和电子档案涉及的网络安全问题,不仅要作为工程技术问题予以解决,还必须从政府行为和社会行为的角度来综合考虑,采取合理措施,才可能达到效果。

4.随着计算机和网络的多媒体化,应注意促进档案多媒体信息管理的实用化

首先,应注意解决多媒体信息演示系统开发方式的工具化问题。如果其开发软件实现了工具化,就可以做到通过改变参数来调整功能结构,并随机填充相应内容,即可得到完全不同的多媒体演示应用系统,从而节约大量人力、物力,使其能广泛地普及应用。

其次,要解决多媒体档案信息处理的标准化和长久保存问题。多媒体信息技术的设备兼容性较差,其信息存取和交换有诸多不便,而与多媒体档案信息长久保存有关的载体筛选工作还很薄弱。上述工作投入大、周期长,需要引起有关部门的足够重视,采取更为有力的解决措施。

此外,还应注意用多媒体技术实现档案管理功能的更新。计算机已经从内部信息的多媒体处理转向处理功能的多媒体化。

5.解决计算机普及速度加快而档案部门计算机专业人员短缺的问题

针对这个问题可以采取以下措施:一是要提高档案工作的标准化程度。档案工作现代化的基础是标准化。计算机在档案管理应用中涉及的每个问题,如数据著录、设备兼容、应用软件推广、信息联网等都需要一系列的标准才能解决。二是要在标准化的基础上,大力推进计算机应用的社会化服务,这是档案部门获得高质量的技术支持和减少人力、物力投入的最有效的途径。三是要加快在档案工作者中的计算机知识普及,令每

个档案工作者都能够尽快掌握应用计算机的知识和技能。

6. 解决电子文件归档和电子档案的长期保存问题

电子文件的归档问题应引起更多的注意,要加紧制定有关的国家标准或行业标准。对于办公自动化和CAD等产生的各类电子文件的真实性、完整性和安全性予以保证,同时为档案馆接收电子文件形成的电子档案提供指导和规范化的要求。目前在生成和使用电子文件的部门,对电子文件如何安全长久地保管考虑不够充分,而处理电子文件归档管理的档案工作者对其特性又很陌生,因此这个问题必须从现在起就引起广大档案工作者的重视。

7. 解决新型载体的安全使用和长久保存问题

随着计算机存储技术的多样化,应随时跟踪技术的新发展,及时对档案信息新载体的使用和保管方法进行实验论证、深入研究,以保证档案的安全可靠和长久保存。

第二节 数字档案室的建设

各级、各类机关的档案室工作是国家档案事业的重要组成部分,是提高机构工作效率和质量的必要条件,也是档案馆工作的前端和基础。因此,数字档案室建设是档案信息化的重要内容,是连接机关办公自动化和数字档案馆,建设、集成机关档案信息资源,确保机关档案资源共享利用的关键环节。它对于维护机关电子档案的真实、完整、有效和安全,提升档案室工作效率和服务能力,促进数字档案馆建设乃至档案信息化的全面、持续、有效发展具有重要意义。

一、数字档案室概述

(一)数字档案室的概念及内涵

《数字档案室建设指南》将数字档案室定义为:"机关在履行职能过程中,运用现代信息技术对电子档案和传统载体档案数字副本等数字档案信息进行采集、整理、存储、管理,并通过不同类型网络提供共享利用和有限的公共档案信息服务的档案信息集成管理平台。"该概念包括以下内涵:

建设和应用的主体是政府、企事业单位和各类社会组织的档案室,是为了更好地履行档案管理职能。

技术条件是全面应用现代信息技术,包括数字技术和网络技术。其中网络系统应包括各种类型的网络平台。

管理对象主要是电子档案(即归档电子文件)和数字化档案(即传统载体档案数字副本)的信息。

管理的功能包括档案管理的各项业务。主要是满足机构内部职能活动的需要,同时实行有限的公共档案信息服务。其"有限性"是由机构所有档案的价值特征和档案工作的职能所决定的,它有别于数字档案馆。

建设要求是建立档案信息"集成"管理平台。为此需要强调统一规划、统一建设、统一实施、统一管理,做到数据集成、功能集成、流程集成,协调和处理好档案部门与文书部门、档案工作与业务工作、档案室与档案馆之间的关系,在文件生命周期中发挥好承上启下的信息枢纽港作用。

(二)数字档案室建设原则

1. 资源强档原则

数字档案资源建设要做到"三管齐下":一是将来源于机构信息系统的电子档案收起来;二是将室藏传统档案的数字化工作做起来;三是将档案数据库建起来。

数字档案资源是数字档案室的立足之本和利用之源,也是国家档案资源建设的入口和源头。只有从源头上将数字档案资源做大做强,才能做到"上游有水下游满"。所谓"做大",就是严格按照归档范围,使档案资源做到应收尽收、门类齐全、内容完整;所谓"做强",就是要确保数字档案资源的真实、完整、有效和安全,做到配置合理、格式规范、管理有序、特色鲜明。因此,实行机构重要数字信息的资源化管理,应当成为数字档案室建设的永恒目标和基本条件。

2. 标准先行原则

数字档案室建设应统筹协调文件管理与档案管理、业务工作与档案工作、档案室与档案馆之间的关系，确保数字档案室系统与前端办公自动化系统、后端数字档案馆系统的衔接。为此，应当严格遵循既有的标准和规范，以便在系统设计、建设、运行中能够步调一致、统一规范，真正形成文档一体、馆室一体的档案管理体系。

3. 整体推进原则

数字档案室基础设施、信息资源、制度规范、人才队伍的建设，需要依靠管理体系和行政手段整体推进，特别是要将数字档案室建设与机关电子政务、企业电子商务和社会信息化建设密切结合起来，确保这项工作全面、协调、可持续发展。

4. 确保安全原则

数字档案室建设应建立健全与机关整体信息安全管理相匹配的档案信息安全管理制度，按照信息安全等级保护和分级保护要求，采取安全保障技术方法，配备必要的软硬件设施，完善灾难恢复应急机制，确保数字档案室建设和运行的安全。

5. 系统集成原则

数字档案室分布点多面广，分头建设必然造成资源浪费和信息孤岛的问题。为此，应在国家统一规划、科学管理指导下，研制实用的数字档案室集成系统，采用先进的架构体系（如云平台、B/S架构等）推广应用，使数字档案室系统具备统一规范的功能设置、数据结构、业务流程、性能指标，并做到与数字档案馆资源的无缝对接。

二、数字档案室的建设任务

数字档案室建设任务包括基础设施建设、应用系统建设、数字档案资源建设、保障体系建设，需要机关、企事业单位的档案部门、信息化部门、业务部门和保密部门共同参与实施。

(一)基础设施建设

依托本单位信息化基础设施,建设相对独立、稳定可靠、兼容性强,能够满足数字档案室运行需求的网络、硬件、软件、安全保障等基础设施。

1. 网络基础设施

一般应将数字档案室网络管理中心设于机关、企事业单位的中心机房。机房应具备防雷、防静电、防磁、防火、防水、防盗、稳压、恒温、恒湿等基本管理条件,有条件的单位应建设符合《电子信息系统机房设计规范》(GB501742008)要求的 B 级机房。中心机房、网络综合布线的配置,应为数字档案室配备足够数量的网络信息点,网络性能应适应图像、音频、视频等各类数据的传输、利用要求。

数字档案室网络平台应当与单位办公网、业务网统一规划、统一建设,实现跨系统、跨平台的信息交换和利用的分级、分层授权。

数字档案室网络平台与本地区、本部门政务网、业务网互联的,应采取相应措施,确保档案数据安全。

数字档案室网络平台处理涉密信息时,应依据国家和本市有关涉密信息系统分级管理规定确定等级,明确安全域,按照《涉及国家秘密的信息系统分级保护技术要求》(BMB17—2006)进行建设,并应与单位非涉密办公网和业务网实现物理隔离,禁止接入互联网。

2. 系统硬件

(1)服务器

服务器性能和数量的配置,应能满足数字档案室应用系统以及数据库、中间件、全文检索、备份、防病毒等基础软件的部署和安全高效运行的需求,并适当冗余、可扩展。

(2)存储设备

应为数字档案室配备先进、高效和稳定的磁盘阵列作为数字档案资源在线存储设备。根据本单位制定的数字档案资源保存策略,确定近线或离线备份系统的配置,近线备份应选择磁带库或虚拟带库及相应的备份软件,离线备份可选择光盘、移动硬盘等脱机存储介质以及相应的备份、检测设备。

3. 基础软件

应结合数字档案室应用系统开发或运行需要,为数字档案室配备必要的正版基础软件,包括主流的数据库管理系统(一般采用关系型数据库)、网络操作系统、中间件、全文检索、文件格式转换与迁移、图像处理及多媒体编辑等软件。数字化软件包括扫描软件和图像处理软件、光学字符识别(OCR)软件等。

4. 安全保障系统

应结合实际,参照信息系统安全等级保护有关要求,从多层面为数字档案室应用系统建立安全保障体系。应用系统设计、实施完善的用户权限配置和管理功能,为数字档案资源的安全存储、管理提供保障。配备正版杀毒软件,如有必要,应有选择地配备防火墙、用户认证、数字签名、移动存储介质管理等软件,以及业务审计软件等安全管理工具。涉密数字档案室应用系统必须按照国家有关涉密信息系统分级保护的规定执行。

数字档案室应配备专用的电子档案柜,规范存放电子档案;设置门控系统监控报警系统,配备磁带备份系统、光盘刻录系统、断电保护UPS系统等外围辅助设备,健全环境安全和介质安全等功能,确保网络设备、设施、介质和信息的物理安全。数字档案室应健全系统备份、灾后恢复等功能,配备防火墙、入侵检测等相应技术设备,建立操作日志,通过身份认证、访问控制、信息加密、信息完整性校验、入侵检测等技术手段和管理方法,确保档案数据得到有效保护。

5. 终端及辅助设备

为数字档案室应用系统配备专用终端计算机、扫描仪、数码照相机、打印机等终端设备,以及刻录机、移动存储介质等辅助设备。终端配置应充分考虑档案工作的特点和档案室实际需要,如配置宽幅、零边距、高速、底片扫描仪,光盘标签打印机等。

(二)应用系统建设

应用系统建设应能集成管理各门类数字档案资源,具备收集、元数据捕获、登记、分类、编目、著录、存储、数字签名、检索、利用、鉴定、统计、处置、格式转换、命名、移交、审计、备份、灾难恢复、用户管理、权限管理等基本功能,为电子档案的真实、完整、可用和安全提供首要保障,并达到灵活扩展、简单易用的基本要求。

1. 档案门类管理

档案门类管理包括电子档案和实体档案的门类、分类方案、元数据方案的调整及扩展管理。

2. 接收采集

接收采集包括文书、音像、科技和专业类电子文件及元数据的接收采集。

3. 分类编目

分类编目包括分类组织、归档存储、编目著录等。

4. 检索利用

检索利用包括档案检索、利用、编研等。

5. 鉴定统计

鉴定统计包括鉴定处理、统计报告等。

6. 系统管理

系统管理包括审计跟踪、用户与权限管理、数据维护、参数设置等。

7. 技术文档管理

收集保存应用软件研制、测评、运行、维护等过程中形成的文档。

第三节　数字档案馆的建设

一、数字档案馆概述

为了实现人类数字记忆的持续积累、完整采集、长期保存、集中管理、安全控制和有效利用,数字档案馆建设已经成为档案信息化的重要内容。

自从数字档案馆的概念出现以后,我国档案界一直在探讨数字档案馆的概念内涵,出现了各种定义,其中《数字档案馆建设指南》的定义是:"数字档案馆是指各级各类档案馆为适应信息社会日益增长的对档案信息资源管理、利用需求,运用现代信息技术对数字档案信息进行采集、加工、存储、管理,并通过各种网络平台提供公共档案信息服务和共享利用的档案信息集成管理系统。"从该定义出发,数字档案馆包括以下内涵。

(一)数字档案馆是传统档案馆功能的拓展和创新

信息社会催生了海量的数字信息,人类社会的生存和发展越来越依赖于数字信息的传播与传承。传统档案馆难以对信息实行全方位、持久性的保管和保护,提供跨时空、零距离、全天候、交互式的服务;数字档案馆能延伸和拓展传统档案馆的功能,承担起保护和利用数字时代社会记忆的历史使命。

(二)数字档案馆是国家基础数字信息的集散中心

数字化基础信息是国家的优质战略资源,数字档案馆通过科学、规范的收集、整理、保管、保护、传递、开发、利用等方式,对分散于不同载体、不同地域、不同媒体、不同领域的基础信息,实行数字化处理、集成化管理、网络化互联、虚拟化共享,使这些基础信息增值为真正意义上的资源,更好地造福于社会。

(三)数字档案馆是"数字化+网络化"的档案馆

以数字化和网络化为支柱的信息技术的应用是数字档案馆生存发展的基础。数字档案馆建设必须将信息技术与档案馆事业的发展需求紧密结合,必须以信息技术发展为强大的动力,全面、持续、创造性地应用数字化、网络化技术发展的最新成果,不断打造信息时代档案馆的"升级版"。在狭义上,数字档案馆是建立在数字化、网络化平台上的传统档案馆;在广义上,数字档案馆是基于网络环境的面向数字信息对象分布存储的狭义数字档案馆群。也就是说,广义数字档案馆可以被分解为一个个狭义数字档案馆实体。狭义数字档案馆是广义数字档案馆建设的基础,而广义数字档案馆是狭义数字档案馆发展的较高阶段或较高境界。

二、数字档案馆管理系统的功能要求

根据《数字档案馆建设指南》的要求,数字档案管理系统应当具备"收集、管理、保存、利用"四项基本业务功能以及用户权限管理、系统日志管理、数据备份与恢复、系统及其数据安全维护等功能。数字档案管理系统还应当采取必要措施保证馆藏数字档案信息,特别是由电子文件归档形成的电子档案信息的可靠性和可用性。数字档案管理系统功能可以根据信息化发展和档案管理的要求而有所侧重并不断拓展。

(一)收集功能要求

数字档案管理系统应当具备接收立档单位产生的电子文件及其元数据、对传统载体档案进行数字化和采集重要数字信息资源等功能。主要包括以下几点要求:

1. 根据相关要求接收立档单位产生的各类电子文件及其元数据,并在建立一整套接收机制基础上,保证接收过程责权明确,杜绝安全隐患,从源头上保证数字档案的真实、完整、可用。

2. 提供选择在线接收和离线接收方式。

3. 能够批量导入或导出数据,保证数据的可靠和可用。

4. 对在线或离线接收的档案数据进行真实性、完整性、可用性和安全性验证。

5. 具备目录数据和全文数据等多种信息资源的采集功能。

(二)管理功能要求

数字档案管理系统能够对所接收的各类数字档案信息进行整理、比对、分类、著录、挂接、鉴定、检索、统计等操作,使无序信息有序化,并实施有效控制。主要包括:

1. 按照设定的分类方案,将数字档案信息存储到系统中,或根据管理要求进行适当调整。

2. 过滤重复数据和重新分类、编号。

3. 对档案内容进行抽取和添加元数据等操作。目前档案管理都是基于数据库管理方式来实现的,将来不排除使用新的技术方法对数字档案进行有效管理。

4. 辅助人工完成档案的开放鉴定工作。

5. 对档案内容数据及其元数据等相关信息建立持久联系,形成长期保存档案数据包和利用数据包。

6. 对档案类型、数量大小等按照设定要求进行统计、显示或打印输出所需各类档案信息。

7. 辅助完成馆藏实体档案编目(著录、标引)、整理、出入库房管理等工作。

8. 制定档案业务流程或进行流程再造。

(三)长久保存要求

长久保存既是要求,也是策略,包括存储格式的选择,检测、备份和迁移等技术方法的采用等。主要要求包括:

1. 应当选择符合国家标准的格式,暂时未制定标准的,选择开放格式或主流格式。

2. 定期对载体及其软硬件环境进行读取、测试,发现问题,及时解决。

3. 根据数据重要程度以及管理和利用的需要,选择在线、近线、离线、异地、异质和分级存储等技术和方式。

4. 计算机软硬件以及技术或标准规范发生重大变化或发生重大事件时,为了保证数字档案信息可读,应采取迁移等手段对所存储的数据进行技术处理。

(四)存储架构要求

根据档案数据量和管理目的的不同,而采用不同的存储技术及其相关设备。安全性和稳定性是选择存储设备的首要因素。在数字档案馆建设过程中,应根据数字档案馆的数据量和并发用户数的需求,保证数字档案馆合理安全的存储容量和较快的网络传输速度,适当选择采用单一应用平台,配备数据库服务器、文件存储器、备份服务器、备份软件等构成的存储服务平台以及采用 SAN、NAS、DAS、IPSAN 或其他形式的存储技术方法。

(五)利用功能要求

数字档案管理系统应当根据档案信息的利用需求和网络条件,分别通过互联网、政务网、局域网等建立利用窗口,实现档案查询、资源发布、信息共享、开发利用、工作交流、统计分析等功能。主要包括以下几方面:

1. 运用最新检索技术方法,满足利用者在各种平台对档案数据进行快速、准确、全面利用查询的要求。

2. 通过网络平台或特定载体发布档案信息和共享档案资源。

3. 辅助进行档案信息智能编研、深度挖掘。

4. 为档案管理者和利用者提供在线交流平台、远程指导、远程教育。

5. 辅助开展数字档案的增值服务。

6. 进行档案利用访问量统计、分布分析、舆情分析等相关工作。

7. 对用户、数据项、功能组件进行利用权限的角色授权处理,能够进行门类设置、结构设定、字典定义等系统代码维护工作。

第四节 档案网站的建立与维护

档案网站是由档案部门建立、被链接在一起,并通过因特网或各级公共网络向社会提供查询服务的电子文档集合。

一、档案网站建设的意义与作用

(一)为档案馆提供宣传自己的新方式

互联网络已被公认为是继三大媒体之后飞速发展起来的第四媒体,能够克服传统的档案宣传形式的许多局限,成为档案馆自行加强和深化宣传工作的新窗口、新阵地。档案馆可以充分利用因特网覆盖面广、信息流量人的宣传优势,把需要让外界了解的信息,如馆藏概况、档案管理情况、先进经验、开放利用服务信息等做成精美的网页,放在因特网上,让全世界的人通过浏览网页来了解情况。档案馆还可以在网上发行电子刊物和进行精彩档案利用实例发布等,向全社会宣传推介自己,从而提高社会档案意识和档案事业的影响力。还可充分利用网络及计算机的巨大储存能力和快捷的处理功能,通过举办网上展览、网上档案编研成果展示等形式,在互联网上开辟社会主义精神文明宣传和爱国主义教育宣传的新天地。

现在,因特网上有很多提供免费主页空间的站点,可以根据需要选择申请。如山东省章丘市档案馆,建立了介绍档案馆基本情况、馆藏概况、开放利用及现代化管理情况的网页,这样就为该馆在网上安了家,有了一个属于其自己的完全免费的宣传阵地,为提高档案馆的知名度发挥了作用。

(二)为档案馆提供改善服务的新手段

档案馆可充分利用网络分布的广泛性、开放性、动态性和非线性等特点,在网上公布馆藏指南和检索目录,定期或不定期进行特色档案信息发布等,在互联网上开辟一个为社会各界服务的新渠道。

为提高档案信息资源的利用效果,充分发挥档案信息资源的作用,除正常接待查档外,许多档案馆开展了函电代查、代抄、代复制、档案咨询等多种形式的服务活动。因特网的发展,又为档案馆提供了新的服务手段。电子邮件(E-mail)是因特网提供的一种快速、高效、方便、价廉的信息传递方式,通过电子邮件,不仅可以传递文字信息,还可以传递声音、图像、影像等多媒体信息。档案馆通过电子邮件这种形式可以突破函电代查、代抄、代复制的局限,给利用者提供更加及时、准确、全面的信息服务。一般档案馆都会在主页上公布一个可供联系的 E-mail 地址,这样远在外地的利用者可以把他的查档要求通过 E-mail 告诉档案馆,档案馆根据其要求查阅后,再将结果以 E-mail 的形式传送给用户。

二、建立档案网站应具备的条件

建立档案网站不仅是为了满足政务公开、方便群众的需要,更重要的是为查阅档案信息提供一条新的便捷途径。凡是牵涉到档案信息上网运行的,必须解决问题好有关保密等方面的问题,同时还须具备技术成熟、配套设备先进、档案工作人员业务素质高等诸多软硬件方面的条件。

(一)要解决好档案信息上网的安全性问题

档案工作自身的性质决定了其在一定程度上的保密性要求,而互联网的特点之一就是开放性,且目前互联网的安全技术还不完备,因此,档案信息上网首先必须经过关于保密与开放的鉴定处理。应当开放的档案应尽量开放上网,不能开放的档案则绝不能上网,以避免泄密。同时,还要及时做好社会急需且已到期的档案信息的解密工作。

对于网上信息中包含的一些只对特定群体公开的限制利用范围的档案信息,可以从网络的物理结构、防火墙设计、用户身份认证等多方面进行安全控制,以保障档案信息网上安全运行。

(二)必须对档案信息进行数字化处理

档案信息必须经过数字化处理,建立包括档案目录数据库和档案全文数据库两大主体类别在内的系列高标准数据库,方能在互联网上发布、存储和传输。现代计算机技术,尤其是宽带多媒体综合数字信息网,可以为用户提供文字、图片、动画、声像等多种信息的综合服务。档案信息数字化的方法很多,最常用的有键盘录入、手写识别、声音识别、图像识别、扫描等。

(三)档案信息的处理必须标准化

标准化是计算机网络信息系统的生命线,是档案信息进入互联网的重要前提条件之一。互联网是一个相对独立的整体,它采用标准的 TCP(传输控制协议)、IP(网络层协议)技术和标准的计算机网络语言,使所有的计算机得以相互交流,从而形成一个巨大的全球信息网。标准化的系统利于信息交流,也会提高信息的通用程度。这就要求我们一方面在日常工作中要严格执行档案收集、整理、鉴定、编目、著录、标引、编研等各环节相应的工作标准;另一方面又要在软件开发中坚持信息系统设计与应用标准,并力求以更加开放明晰的表达方式,获得较高的兼容性和可拓展性。

(四)档案信息必须按不同的服务对象和目的选择、分类

服务对象和目的决定服务内容,档案信息上网的主要目的是为互联网上的全体用户服务,而非单纯的档案管理者。因此,在工作中应当严格区分档案网格化管理和档案信息上网这两个完全不同的概念。尤其是档案信息全文上网处于刚刚起步的阶段,现有档案信息数据库还远不能满足网络需求,我们对上网档案信息进行选择、分类和处理制作,更应注意在力争满足广大用户需求的同时,明确自己的核心用户和主要服务宗旨。档案馆除应适时发布社会所关注的焦点信息外,还应将馆藏的特色精华部分优先加以开发利用,并推介给广大网络用户,尽快获得用户充分的支持。

第七章 档案信息化展望及探索

第一节 档案信息化新技术的应用

一、档案信息服务机制创新

随着数字档案馆的建成,档案的信息服务更多地代替了传统的查档案服务,人们的档案利用已从传统纸质档案转变为档案信息,档案馆的服务也逐渐会发生根本的改变,通过档案信息服务观念创新、档案信息服务方式创新、档案信息服务手段创新和档案信息服务内容创新,实现档案工作管理规范化、资源数字化、服务网络化,更好地为社会提供服务。

(一)档案信息服务观念创新

用知识管理思想指导档案信息服务创新,知识管理对信息服务创新的指导表现在深化信息服务内容,即提供知识服务,它不是简单的信息积累和传递,而是知识的再开发和利用。在服务内容的深度上,对档案信息资源进行深层次的开发利用。数字档案馆较之传统的档案馆,应具备档案编研、统计分析、建立强大知识库的功能。在服务内容的广度上,应有更宽的知识涵盖面,真正起到知识传播和共享的作用,主动为用户提供帮助与指导,以快捷有效的方法满足用户的知识需求。很多软件系统,如OA、PDM、ERP系统中保管的信息都是珍贵的知识资源,也是档案信息的组成部分,可以开发知识库管理平台,将其中的知识共享、提炼,实时有效地进行各项知识收集、交换与传递,对于不同系统中提取的知识信息进行整合与收集,将档案信息资源转变为显性知识为利用者所用。

(二)档案信息服务方式创新

在传统档案利用时代,档案利用者基本处于被动地位,利用者提交利用需求后只有被动等待,能否得到信息有很大的不确定性。数字档案馆的建成构建了一种档案信息资源环境,以利用者的需求和方便作为创建档案信息环境的根本出发点,其宗旨是为利用者提供准确和全面的信息服务,利用者通过自主行为实现与档案信息资源的互动。

传统档案馆一般只能提供文字类信息。在数字档案馆中,利用者得到的档案信息是多种多样的,包括文字、声音、图形、图像及数字视频。利用者不仅能查阅档案信息,还可获取知识、接受教育。在纸质时代,用户查阅档案信息需要到档案馆,需要由档案人员在场提供。而在数字档案馆中,利用者可以超越时间、空间的限制,在任何时间、任何地点通过网络得到各种档案信息。

(三)档案信息服务手段创新

在传统档案馆中档案信息被按照全宗、目录、案卷、文件四个层次组织成树状结构,存储档案信息的文件之间虽然存在着内容上的逻辑关系,也只能以一种或几种角度来显示档案信息的有序化。而在数字档案馆中,可对信息资源进行智能检索、分析、处理,根据文件的内容特征在文件之间建立起多种链接,各信息节点间形成多维网状结构,可以任意一种角度来显示档案信息的有序化。

利用者查阅档案,可以通过一个检索要求将所有相关文件检索出来,提高了查全率。利用者可以不懂档案的任何知识,如同使用 google 和 baidu 一样进行"傻瓜式"数据检索,档案利用者只是关心自己的信息需求,完全可以不明白档案的组织形式。

(四)档案信息服务内容创新

档案资源库是数字档案馆最基本的特征,也是数字档案馆建设的重点,只有不断丰富档案资源库的内容,才能在加强收集积累的基础上,创新档案利用服务内容。一是根据馆藏情况建立文书档案、设备档案、基建档案、标准、图书、光盘目录等数据库,采用扫描方式将纸质档案全文数字化处理,扫描成 PDF 文件格式,在数据库中挂接扫描文件,形成档案全文资源库。二是对于增量档案,即 OA 等办公系统中产生的电子文件,通过开发数据交换接口,在线实时或离线定时接收产生的档案信息。三是多渠道收集多媒体档案,如在科研、生产、基建、培训等活动中采用拍摄录制形成多媒体档案。四是建立档案专题数据库,它是以各类档案基础库为主要数据来源,通过档案信息管理系统,按照某一专门题材内容编制而成的各类档案数据集合。

二、"互联网＋"与档案管理

"互联网＋"就是"互联网＋各个传统行业"。但这并不是简单的两者相加,而是利用信息通信技术以及互联网平台,让互联网与传统行业进行深度融合,创造新的发展生态。

从技术上讲,"互联网＋"是创新 2.0 下的互联网发展新形态、新业态,是知识社会创新 2.0 推动下的互联网形态演进及其催生的经济社会发展新形态。"互联网＋"是互联网思维的进一步实践成果,它代表一种先进的生产力,推动经济形态不断地发生演变,从而带动社会经济实体的生命力,为改革、创新、发展提供广阔的网络平台。那个"＋"号后面要是"档案",又该如何?"互联网＋档案收集""互联网＋档案管理""互联网＋利用"将彻底改变档案工作的方式、方法。

三、大数据与档案信息

(一)大数据的概念

大数据并非是一个确切的概念,从字面上来讲,表示数据量的庞大。维基百科对大数据的定义比较直接:大数据是指无法在可承受的时间范围内用常规软件工具进行捕捉、管理和处理的数据集合,大数据是人们获得新的知识、创造新的价值的源泉;大数据还是改变市场、组织机构,以及政府与公民关系的方法。我们可以归纳出大数据的"4V",即大数据是具有规模性(volume)、多样性(variety)、高速性(velocity)、价值性(Value)的数据。

大数据技术的战略意义不在于掌握庞大的数据信息,而在于对这些含有意义的数据进行专业化处理,在于提高对数据的"加工能力",通过"加工"实现数据的"增值"。

(二)大数据与档案的关系

《中华人民共和国档案法》明确档案是指过去和现在的国家机构、社会组织以及个人从事政治、军事、经济、科学、技术、文化、宗教等活动直接形成的对国家和社会有保存价值的各种文字、图表、声像等不同形式的历史记录。从档案的定义来看,除电子档案外,其他载体形式的档案与大数据没有任何关系,只有档案记录的信息可以称之为数据。从档案的特征来分析,档案具有社会性、历史性、确定性及原始记录性,而大数据也具有类似的特征,大数据是人类社会活动的原始记录,其内容具有确定性,且其记录的内容只反映事物已经完成的状态,同样具有原始记录性。因此,档案信息与大数据的关系具有相似的特征,大数据是具有鲜明档案特性的数据集合。

(三)大数据时代与档案资源建设

应对大数据时代的电子档案归档工作,首先,要做好现阶段电子档案归档系统与办公系统的融合,加强电子公文流转系统的全程控制,按照公文起草、签发、拟办的过程存储形成电子档案,确保公文类电子档案内容齐全。对于专业类电子档案,应分门别类制定有关专业类电子档案数据标准,确保专业类电子档案的系统配置、标准规范的落实。其次,要逐步完成存量档案的数字化,建立丰富的档案内容数据库。最后,要瞄准大数据时代电子档案归档工作的需要,研究数据资源采集、管理、发布、分析、利用的数据平台模型,满足电子档案归档及管理的需要。

(四)大数据时代与档案开放利用

《中华人民共和国档案法》规定,"国家档案馆保管的档案,一般应当自形成之日起满30年向社会开放。经济、科学、技术、文化等各类档案向社会开放的期限可以少于30年",可见档案开放率与档案工作的要求还有一定差距。大数据时代,数据已变成经济社会发展的重要基础,信息的利用与开发能力在很大程度上决定着整个社会的创新能力,如果不能及时地开放档案或数据,让社会公众掌握充分的数据资源,势必会影响政府的行政效率和社会的创新力。

(五)大数据时代与档案服务领域拓展

大数据时代的一个重要目标就是对数据获取和利用的便捷性,在提升档案信息服务能力的过程中,除了要开展档案信息化以及做好网络信息平台的整合,更重要的是要以用户体验为中心,把档案信息服务领域延伸到手机及手持终端等领域。档案部门要着眼于未来手机以及手持应用终端的市场,搭建具有拓展性的综合信息平台,开发手机应用App,使人们随时随地都能享受高质量的信息服务。

第二节 档案信息化技术探索

一、移动互联网和档案信息共享

在互联网的发展过程中,PC互联网已日趋饱和,移动互联网却呈现井喷式发展。移动互联网(Mobile Internet,简称MI)是一种通过智能移动终端,采用移动无线通信方式获取业务和服务的新兴业务,包含终端、软件和应用三个层面。终端层包括智能手机、平板电脑、电子书、MID等,软件包括操作系统、中间件、数据库和安全软件等,应用层包括休闲娱乐类、工具媒体类、商务财经类等不同应用与服务。随着技术和产业的发展,LTE(4G通信技术标准之一)和NFC(近场通信,移动支付的支撑技术)等网络传输层关键技术也将被纳入移动互联网的范畴之内。

随着宽带无线接入技术和移动终端技术的飞速发展,人们迫切希望能够随时随地都能方便地从互联网获取信息和服务,移动互联网应运而生并迅猛发展。然而,移动互联网在移动终端、接入网络、应用服务、安全与隐私保护等方面还面临着挑战。其基础理论与关键技术的研究,对于国家信息产业整体发展具有重要的现实意义。

(一)移动互联网络拥有更多的用户量

移动互联网具有相当广泛的群众基础,移动互联网用户数量已超过PC用户量,并有进一步增长的势头。如果大量档案信息服务应用于智能移动终端,将会更大地促进档案信息的利用与传播,使档案服务真正走进人民群众当中,同时用户可以轻松转发或分享自己的信息,也可实现多种形式的互动使档案利用从小众化发展为大众化,充分发挥社会价值。

(二)移动互联网络突破时间和空间限制

由于移动互联技术的发展,用户可随时随地享受网络服务,而智能移动设备就像贴身物件一样与人们形影不离,档案信息的传播也就不再受空间和时间的限制。对于档案信息的接收,用户还可以随意选择,随时查看,对于档案信息的提供者来说,也不仅仅是只能通过固定的办公设备在固定的时间传输,而可通过自己的移动设备,如平板电脑或手机甚至智能手表等其他移动设备随时随地发布信息。

(三)移动互联网络传播信息的多样性

通过接入移动互联网,用户可接收各种形式的文件信息,将文字、照片、声音、动画甚至视频融为一体,这样的信息形式能很好地丰富用户体验,运用智能移动平台提供档案信息,打破单一的服务格局,不仅能充实信息内容、丰富信息形式,还有助于档案信息化建设和档案服务工作的创新。

(四)移动互联网络与档案政务微博服务

微博是一个基于用户关系信息分享、传播以及获取的平台。用户可以通过 WEB、WAP 等各种客户端组建个人社区,用有限的文字信息实现即时分享。微博的关注机制分为可单向、可双向两种。微博作为一个档案信息传播平台,不同人群都可以阅读或传播信息,利用可公开的档案信息解答历史谜团,普及历史知识,也可推出一些趣味话题讨论,使神秘的档案走进百姓生活。

(五)移动互联网与微信业务

微信能够发送文字、图片、语音、视频等不同形式的消息,而相比微博,微信的对话更为直接,接收消息及时,这些独具的优势使微信逐渐成为人们的一种生活方式,因此将档案信息服务和微信技术相结合必将成为新的发展点,具体应用可以实现查询业务、朋友圈传播和信息订阅。

二、云计算对档案信息化的影响

云计算(Cloud Computing)是基于互联网的相关服务,提供虚拟和动态的存储空间和计算能力。云是网络、互联网的一种比喻说法,好比是从古老的单台发电机模式转向了电厂集中供电的模式,意味着计算能力也可以作为一种商品进行流通,就像煤气、水电一样,取用方便,费用低廉,最大的不同在于它是通过互联网进行传输的。

云计算里面的资源可以被任何单位和个人租赁使用而无须掌握复杂的计算机技术,使用的费用也相对低廉。云计算自从诞生之后,便在各个计算机应用领域掀起热潮。在档案管理部门可以利用云计算促进档案的信息化建设,解决档案的众多小规模区域的分片式管理。云计算对进一步提高档案信息化建设管理的水平,更好地为国家、社会服务也有极大的促进作用。

云计算是一种基于互联网技术平台运行的商业发展模式,内部采用的是虚拟资源共享模式。所谓的"云",就是在互联网上的众多的计算机硬件及软件资源。有了"云",我们就不需要为提供档案服务所需的各种软硬件资源耗费大量的前期建设成本,只需购买相应的服务,就可以调集云平台里面大量的计算设备进行运算,并在很短的时间内返回运算或查询结果。云计算对于用户的客户端没有任何要求,可以是手机、平板终端等低端运行设备,所需的只是进行一些相关指令。

目前,档案信息管理完全可以使用云计算平台来提升档案管理的服务水平。云计算平台给档案信息化管理带来以下几点优势：

(一)降低运营成本

现在各类档案的增长速度都是几何级的,为了能够确保档案的正常管理及正常的对外服务,需要有大量的档案管理人员,既要做好纸质档案的保存工作,同时又要升级服务器、管理软件和软硬件设备以应对服务需求。但是如果应用了云计算平台的档案管理,所有的升级维护都不再需要,全部由云平台的供应商提供,所有的服务检索运算等都在云计算平台上完成,而客户端所做的只是投入少量的费用,购置一些便捷的客户端。档案馆工作人员的工作强度得到降低,可以更好地进行档案馆的其他工作。

(二)共享档案信息

云计算平台的出现,将原来局限在各档案馆、机关档案室的档案信息进行了最大化的共享,用户甚至可以在异地进行业务的申请和办理,就像现在各地的档案系统没有联网,异地办理一些证件需要来回奔波,增加了用户办事的难度,通过云平台,只要获得相应的授权,就可以通过不同的终端连接到相应的档案服务部门,享受数字档案馆的优质服务。云计算平台的档案服务使原来存在的信息孤岛的问题得到根本解决,同时也可以通过该平台为用户跨库检索提供便捷。

(三)保障档案服务平台的运行

在运行的档案管理系统中,一旦档案服务器出现故障或者出现电力供应问题,档案资源或者信息就没办法再被网络使用,而在云计算平台上,有强大的集群服务器作为后盾,通过虚拟化的技术使档案信息在多台服务器上进行备份,即使某台服务器出现问题,智能纠错系统会及时地将其他服务器的信息进行转移,解决信息服务的中断问题。

(四)为档案存储提供海量空间

随着时代的发展,档案管理由单一的纸质文件逐步向电子形式,视频、音频等多媒体形式发展,对数据存储能力提出了很高的要求。档案信息化的发展,如果全靠档案部门自己扩大存储空间来进行信息存储,投入成本过大。而云计算平台的云存储提供的成千上万台服务器组成了庞大的服务器的集群,拥有海量的达到 EB 级别的存储空间,而租用这些空间的费用极其低廉。

(五)应用系统模型构架便捷

云计算平台下提供信息咨询服务的模式不再是在单机运行,而是通过在 Web 网络上的大规模的集群系统来完成,所需的数据也是在网络的存储空间保存,通过网络安全传输协议保障数据传输的安全,就像我们只要接入国家电网一样,接通了开关,就可以使用电网中的电力,非常便捷,系统的应用对客户端基本没有任何要求。

参考文献

[1]柴军荣,赵乃东,靳银敏.现代化档案管理与档案信息化建设发展[M].延吉:延边大学出版社,2023.

[2]刘秀菊.大数据环境下档案信息化管理与创新策略研究[M].北京:中国原子能出版社,2023.

[3]谢玉娟,宋欢,刘翠红.档案信息化建设与信息资源存储研究[M].北京:中国商务出版社,2023.

[4]彭德婧,王艾,阴志芳.信息化背景下图书和档案管理创新研究[M].长春:吉林出版集团股份有限公司,2022.

[5]林婷婷,冯秀莲,林苗苗.档案信息资源与数字化管理开发研究[M].哈尔滨:哈尔滨工程大学出版社,2022.

[6]邹佳健,廖淑莉,孙敬懿.现代档案信息化管理与建设研究[M].长春:吉林人民出版社,2022.

[7]王雅琼,王瑞,刘幸幸.档案信息化建设与管理创新[M].哈尔滨:北方文艺出版社,2022.

[8]毕然,严梓侃,谭小勤.信息化时代企业档案管理创新性研究[M].北京:新华出版社,2022.

[9]王庆汉.信息化视角下的高校档案管理建设与创新[M].哈尔滨:北方文艺出版社,2022.

[10]赵旭.档案信息化建设的理论与实践研究[M].北京:科学技术文献出版社,2021.

[11]周彩霞,曹慧莲.档案管理信息化建设理论与实践探索[M].北京:北京工业大学出版社,2021.

[12]郭美芳,王泽蓓,孙川.档案信息化建设与管理[M].长春:吉林人民

出版社,2021.

[13]郝飞,袁帅,李伟媛.现代档案管理与实践应用研究[M].长春:吉林人民出版社,2021.

[14]赵丽颖,芦利萍,张晨燕.档案管理实务与资料整理[M].长春:吉林人民出版社,2021.

[15]黄亚军,韩国峰,韩玉红.现代档案信息化管理与建设研究[M].长春:吉林人民出版社,2021.

[16]徐世荣.档案信息化建设与管理创新研究[M].长春:吉林文史出版社,2021.

[17]叶继元.信息资源建设[M].北京:科学出版社,2021.

[18]黄国彬.图书馆信息资源安全基于云计算环境下[M].北京:知识产权出版社,2021.

[19]井继龙.区县级图书馆建设研究[M].北京:中国纺织出版社,2021.

[20]赵吉文,李斌,朱瑞萍.数字图书馆建设与档案管理[M].汕头:汕头大学出版社,2021.

[21]高莉.图书馆管理与档案资源建设[M].长春:吉林人民出版社,2021.

[22]常艳丽.文化遗产信息资源数字化融合服务[M].北京:经济科学出版社,2021.

[23]高鹤林,方建,刘铮.档案信息化管理与建设研究[M].延吉:延边大学出版社,2020.

[24]李小贞,宋丽斌,赵毅.现代馆藏管理与资源建设[M].长春:吉林人民出版社,2020.

[25]戴艳清.基于用户体验的公共数字文化服务营销研究[M].北京:知识产权出版社,2020.

[26]王晓柏.公共图书馆服务与管理[M].长春:吉林出版集团股份有限公司,2020.

[27]朱明,周倩.图书馆服务管理内化[M].北京:中国社会科学出版

社,2020.

[28]韩雨彤,常飞.图书馆信息资源建设发展研究[M].北京:应急管理出版社,2020.

[29]江莹.基于信息资源建设与读者服务的高校图书馆发展研究[M].长春:吉林大学出版社,2020.

[30]李丽丽.图书馆数字信息资源建设研究[M].海口:南方出版社,2020.